ドラゴンドリル

DRAGON WORKBOOK

小3 文章読解

のまき

JN050032

大昔《おおむかし》、地球《ちきゅう》には強い力をもった
ドラゴンたちが生きていた。
しかしあるとき、ドラゴンたちは
ばらばらにされ、ふういんされてしまった…。
ドラゴンドリルは、
ドラゴンを ふたたび よみがえらせるための
アイテムである。

ここには、きかいの体をもつ
５ひきの「きりゅう族《ぞく》」のドラゴンが
ふういんされているぞ。

ぼくのなかまを
ふっかつさせて！
ドラゴンマスターに
なるのはキミだ！

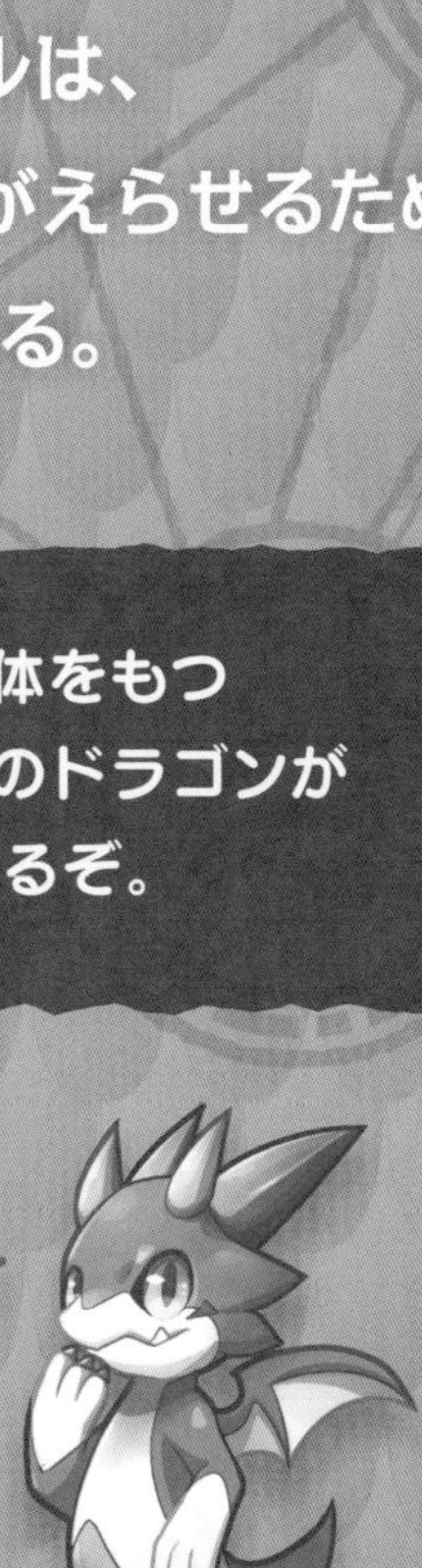

なかまドラゴン
ドラコ

もくじ

1

ドラゴンをかる　りゅうせんし

ガラハル

えに　シールを　はって、
ドラゴンを　ふっかつさせよう！

タイプ：ほのお

たいりょく

こうげき

ぼうぎょ

すばやさ

ひっさつわざ

ブレイブスラッシュ

大きなけんに力をためて、一気に横《よこ》になぎはらう。

ドラゴンずかん

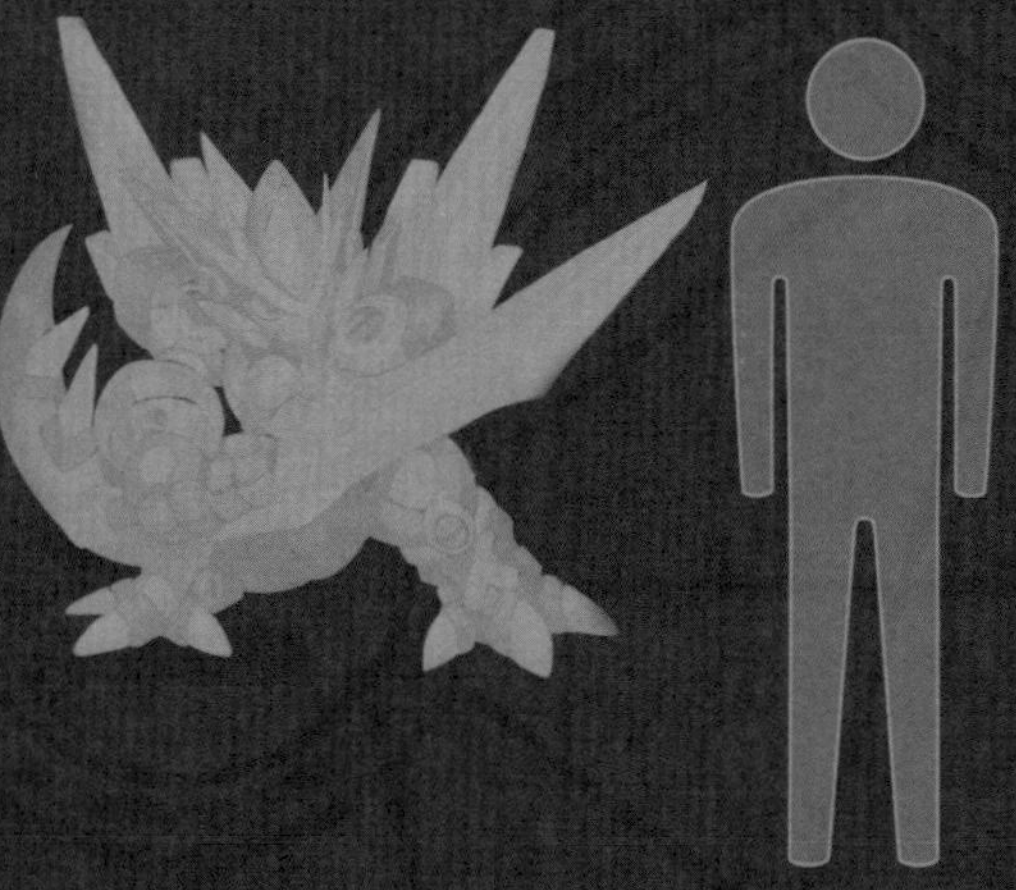

なまえ	ガラハル
タイプ	ほのお
ながさ	1.8メートル
おもさ	150キログラム
すんでいるところ	草原

ドラゴンをたおすために作られた、きかいのせんし。大きなけんをふるい、自分より大きなてきにもたたかいをいどむ。ドラゴンと同じエネルギーで動《うご》いているらしい。

2

チームでたたかう　りゅうきし

ランスロウ

えに　シールを　はって、
ドラゴンを　ふっかつさせよう！

タイプ：みず

たいりょく

こうげき

ぼうぎょ

すばやさ

ひっさつ わざ　**ストリームフィニッシュ**

４ひきでたてに１列《れつ》にならんでとび、れんぞくでやりでつきさす。

ドラゴンずかん

なまえ	ランスロウ
タイプ	みず
ながさ	9メートル
おもさ	15トン
すんでいる ところ	高い山

大がたのドラゴンをたおすために作られた、きかいのきし。４ひきのチームで行動《こうどう》し、ドラゴンを大きなやりでつきさしてしとめる。リーダーは、その他《ほか》と顔の形やよろいのかざりがちがっている。

レベル 3

たたかいをこのむ　きけんなせんし

ベルスクス

タイプ：かみなり

えに シールを　はって、
ドラゴンを　ふっかつさせよう！

たいりょく

こうげき

ぼうぎょ

すばやさ

ひっさつわざ

バーサークソウ

右手でてきをつかんで、高速《こうそく》で回転《かいてん》させた左手のチェーンソーでバラバラにする。

ドラゴンずかん

なまえ	ベルスクス
タイプ	かみなり
ながさ	17メートル
おもさ	45トン
すんでいるところ	岩山

たたかいがすきな きけんなせんとうマシン。これまでに何度《なんど》も大きなダメージを受《う》けてきたが、そのたびに自分の体をかいぞうしてきた。そのため、体中がつぎはぎのようになっている。

4

全《すべ》てをやきはらう　ようさい

ガンディヴァ

タイプ：じめん・かぜ

えに　シールを　はって、
ドラゴンを　ふっかつさせよう！

たいりょく

こうげき

ぼうぎょ

すばやさ

ひっさつわざ

メーザーバースト

体中のメーザーカノンを正面《しょうめん》に向《む》けて、いっせいに熱光線《ねつこうせん》を放《はな》つ。

ドラゴンずかん

なまえ	ガンディヴァ
タイプ	じめん・かぜ
ながさ	50メートル
おもさ	150トン
すんでいるところ	寒《さむ》い山

たくさんの光線ほうをそなえた、きかいドラゴン。とくに、かたからのびた大きな２本のメーザーカノンは強力で、ドラゴンの大ぐんも一度《いちど》にげきはすることができる。

5

ドラゴンをほろぼすドラゴン

ゲオルギアス

タイプ：かみなり・ほのお

えに シールを はって、
ドラゴンを ふっかつさせよう！

たいりょく

こうげき

ぼうぎょ

すばやさ

ひっさつわざ

ウルティメイト・マナ

地球《ちきゅう》のエネルギーをつばさに集《あつ》め、体中のカノンから放《はな》つ。1度《ど》しか使《つか》えないわざ。

ドラゴンずかん

なまえ	ゲオルギアス
タイプ	かみなり・ほのお
ながさ	100メートル
おもさ	350トン
すんでいるところ	うちゅう

せいりゅう族《ぞく》とまりゅう族のたたかいを止めるために、大昔《おおむかし》の人が作ったきかいのドラゴン。体中にビームカノンをもっていて、全方向《ぜんほうこう》のてきをこうげきすることができる。

1 キングコブラのどく

月　日

答え 89 ページ

インドという国の森に、キングコブラという、世界《せかい》でいちばん大きいどくヘビがいます。このヘビのどくの出るきば*一かみで、人間なら二十人、ゾウなら一頭が死《し》ぬといわれています。かまれると体にどくが回って*心ぞうや息《いき》が止まってしまうのです。

キングコブラは、ふだんは、ほかのヘビや小さい動物《どうぶつ》などを食べておとなしく生活しています。しかし、すでたまごを守《まも》っているところへ、人間が近づくなどすると、たいへんです。たまごを守《まも》るために、こうげきしてくるのです。体を起《お》こし、頭を高く上げて、そのしせいのまま、すべるように*せまってきて、かみつきます。

*一かみ…一回かまれること。

*心ぞうや息《いき》が止まる…死《し》ぬ。

*せまる…近づいてくる。

1 キングコブラは、どんなどくをもったヘビですか。（　）に合う言《こと》葉《ば》を書きましょう。

・どくの出るきば（　　）で、人間なら（　　）人、ゾウなら一頭が死《し》ぬというどく。

2 キングコブラが人間をこうげきしてくるのは、どんなときですか。（　）に合う言葉《ことば》を書きましょう。

・すで（　　）を守《まも》っているところへ、人間が（　　）などするとき。

3

□に当《あ》てはまる漢字《かんじ》を書きましょう。

① □□《せかい》の国の名前を調《しら》べる。

② 友だちとのやくそくを□《まも》る。

③ 毎朝、七時に□《お》きるしゅうかんをつける。

4

次《つぎ》の言葉《ことば》のかなづかいの正しいほうをえらんで、（　）に○をつけましょう。

① きんちょうして、｛（　）心ぞお／（　）心ぞう｝がドキドキする。

② サッカーのしあいの日が｛（　）近づいて／（　）近ずいて｝きた。

ドラゴンのひみつ
ガラハルは、あらぶるドラゴンをたおすために作られた、きかいのせんしだ。

答え合わせをしたら①のシールをはろう！

2 グンタイアリのかり

月　日

答え 89 ページ

グンタイアリは、五十万から七十万びきもの大ぐん*で生活するきけんなアリです。かりをするとき、グンタイアリたちは、えものの上にわらわら*とはい上がって、かじりつきます。えものとなった動物《どうぶつ》は、体のあちこちにかじりつかれてしまったら、にげることもできず、食《く》いつくされてしまいます。

えものにかじりつくのは、はたらきアリです。はたらきアリの中でも「へいアリ」とよばれるアリは、とくに大きくてするどい大あごを持《も》っています。へいアリにこの大あごでかじりつかれたときに、むりに引きはがそうとすると、皮《ひ》ふがはがれてしまいます。

*大ぐん…大きなむれ。

*わらわら…たくさんのものが、むれ集《あつ》まってくる様子《ようす》。

1 グンタイアリは、どんなアリですか。二つに〇をつけましょう。

ア 数ひきで生活するアリ。

イ 大ぐんで生活するアリ。

ウ きけんなアリ。

エ おとなしいアリ。

2 グンタイアリがえものをとらえるとき、どうしますか。

［　　　　］

3 グンタイアリの中で、えものにかじりつくのは、何というアリですか。

・［　　　　］アリ

4

□に当てはまる漢字《かんじ》を書きましょう。

① 野生の□□《どうぶつ》に会いにアフリカへ行く。

② 両手《りょうて》にふくろを□《も》って歩く。

③ □《ひ》ふが日にやけて赤くなる。

5

次《つぎ》の二つの言葉《ことば》を組み合わせて、一つの言葉《ことば》を作りましょう。

〈れい〉 書く＋直す↓（書き直す）

① 引く ＋ はがす ↓（　　　）

② はう ＋ 上がる ↓（　　　）

ドラゴンのひみつ
ガラハルは、むねの中にある、ほのおのまほう石がどう力《りょく》げんになっている。

答え合わせをしたら②のシールをはろう！

3 海のギャング、シャチ

月　日

答え 89ページ

シャチは、クジラのなかまで、「海のギャング」とよばれるかりの名人です。何頭かでグループを作り、ねらったえものを、力を合わせて＊しとめます。たとえば、氷《こおり》の上にアザラシを見つけたとします。すると何頭かのシャチが、一つの方向《ほうこう》から波《なみ》を起《お》こします。おどろいたアザラシが、反対《はんたい》の方向《ほうこう》へ行くと、そこで＊待《ま》ちかまえていたべつの何頭かのシャチが、海からとび出してアザラシをつかまえるのです。

クジラのなかまの中でも大きいマッコウクジラでさえも、シャチのグループが取《と》りかこんでおそい、しとめてしまうこともあります。

＊しとめる…えものなどをたおしたり、手に入れたりする。

＊待《ま》ちかまえる…用意《ようい》を整《ととの》えて来るのを待《ま》つ。

1 シャチは、何とよばれていますか。

（　　　　　　　　）

2 シャチが氷《こおり》の上にアザラシを見つけたとき、どのようにかりをしますか。その様子《ようす》を表《あらわ》すじゅんになるように、（　）に番号《ばんごう》を書きましょう。

ア（　）待《ま》ちかまえていたべつのシャチが海からとび出して、つかまえる。

イ（　）おどろいたアザラシが反対《はんたい》の方向《ほうこう》へ行く。

ウ（　）何頭かのシャチが、一つの方向《ほうこう》から波《なみ》を起《お》こす。

3 □に当てはまる漢字《かんじ》を書きましょう。

① 矢じるしの□□《ほうこう》に進《すす》む。

② 岸《きし》に□《なみ》が打《う》ちよせる。

③ 友だちとは□□《はんたい》の意見《いけん》を言う。

4 次《つぎ》の——の言葉《ことば》を、国語じてんに出ている形（言い切りの形）に直して、（　）に書きましょう。

〈れい〉漢字《かんじ》を何度《なんど》も書いておぼえる。（書く）

① みんなで力を合わせて、新聞を作る。（　　）

② 弟が、おどろいた顔をして見ている。（　　）

ドラゴンのひみつ　ガラハルは、せ中のつばさから、まほう石のエネルギーを放《はな》ってとぶことができる。

答え合わせをしたら③のシールをはろう！

4 たまごから生まれたきょうりゅう

月　日

答え 89ページ

きょうりゅうは、大昔《おおむかし》に生きていた動物《どうぶつ》です。今はいないのに、魚や鳥と同じく、たまごから生まれていたことがわかっています。どうしてでしょう。

それは、きょうりゅうのたまごの化石《かせき》が、世界《せかい》のさまざまな場所《ばしょ》で発見《はっけん》されているからです。

きょうりゅうのたまごの形には、いろいろあります。真《ま》ん丸《まる》の形のものや、細長いカプセルのような形のものが見つかっています。たまごの大きさは、きょうりゅうの大きさのわりには、それほど大きくありません。大きなものでも、せいぜいバレーボールやラグビーボールほどの大きさです。

1 大昔《おおむかし》に生きていたきょうりゅうが、たまごから生まれていたことがわかっているのは、なぜですか。理由《りゆう》が書かれた文をさがし、はじめの三字を書きましょう。

2 どんな形のきょうりゅうのたまごが見つかっていますか。

・（　　　）

・（　　　）

3 たまごは、きょうりゅうの大きさのわりには、大きいのですか。大きくないのですか。

（　　　）

4

□に当てはまる漢字《かんじ》を書きましょう。

① 海の近くの地そうからみつかった □□《かせき》 を調《しら》べる。

② 夕日がきれいにみえる □□《ばしょ》 に行く。

③ 新しい星が □□《はっけん》 された。

5

次《つぎ》の（　）に入る言葉《ことば》を、□から一つえらんで書きましょう。

・家から集合《しゅうごう》ばしょまでは、（　　　　）遠くはなかった。

せいぜい　そろそろ　たいてい　それほど

ドラゴンのひみつ
ガラハルのもつけんは、自分よりも大きなドラゴンをたおすのにべんりだ。

答え合わせをしたら④のシールをはろう！

5 ヴェロキラプトルの大きなつめ

月　日

答え 89ページ

肉食のきょうりゅうのヴェロキラプトルは、体の長さが大人の男の人の身《しん》長《ちょう》と同じくらいで、きょうりゅうの中では大きいほうではありません。

ヴェロキラプトルのつめはするどく、後ろあしの人《ひと》さし指《ゆび》の大きなつめは、*かまのように曲《ま》がっています。このつめだけを大きく回して、前にふり下ろすことができました。これをぶきにして、えものをおそっていたのです。

また、ヴェロキラプトルは、細くてあしが長い*体つきのため、とても*身軽《みがる》だったと考えられています。身軽《みがる》な体を生かして、高くジャンプしてえものにとびかかり、つめをつきさしてたおしたのでしょう。

*かま…草やイネをかる道具《どうぐ》。三日月形のはが、先に取《と》りつけてある。
*体つき…体のかっこう。
*身軽《みがる》…体の動《うご》きがすばやいこと。

1 ヴェロキラプトルは、かまのように曲《ま》がったつめを、どのようにして、何のために使《つか》っていましたか。（　）に合う言葉《ことば》を書きましょう。

・大きく回して前に（　　　）して、（　　　）を（　　　）ために使《つか》っていた。

2 *ヴェロキラプトルが身軽《みがる》だったと考えられているのは、どんな体つきのためですか。

［　　　　　　　　］

3

□に当てはまる漢字《かんじ》を書きましょう。

① □□《しんちょう》が少しのびた。

② 少し先の角を右に□《ま》がると、図書館《としょかん》がある。

③ 人《ひと》さし□《ゆび》でスイッチをおして、電気をつける。

4

次《つぎ》の言葉《ことば》と反対《はんたい》の意味《いみ》の言葉《ことば》を、漢字《かんじ》と送《おく》りがなで（　）に書きましょう。

① 重《おも》い ↔ （　　　）

② 短《みじか》い ↔ （　　　）

③ 太い ↔ （　　　）

ドラゴンのひみつ

ガラハルは、両手《りょうて》からまほう石のエネルギーをけんに注入《ちゅうにゅう》して、ひっさつわざを出す。

答え合わせをしたら⑤のシールをはろう！

6

大昔《おおむかし》のドラゴンたち

月　日

答え 89ページ

大昔《おおむかし》、この世界《せかい》が作られたときに、「せいりゅう族《ぞく》」と「まりゅう族《ぞく》」という二つのドラゴン族《ぞく》がいました。「せいりゅう族《ぞく》」はきびしいせいかくで、世界《せかい》をよくするためにルールを作り、反対《はんたい》する者《もの》をこうげきしました。一方、「まりゅう族《ぞく》」はルールをきらい、「せいりゅう族《ぞく》」とはげしいたたかいを始《はじ》めました。

そこで大昔《おおむかし》の人は、たたかいを止めるために、きかいのドラゴン「きりゅう族《ぞく》」を作りました。「きりゅう族《ぞく》」は、あばれる「せいりゅう族《ぞく》」と「まりゅう族《ぞく》」をおさえこみ、それらの力を弱めました。こうして、今の平和《へいわ》な世界《せかい》になったといわれています。

1 世界《せかい》が作られたとき、どんなドラゴン族《ぞく》がいましたか。

（　　　　）（　　　　）

2 ルールをきらったのは、何というドラゴン族《ぞく》ですか。

（　　　　）

3 大昔《おおむかし》の人は、たたかいを止めるために何を作りましたか。（　）に合う言葉《ことば》を書きましょう。

・（　　　　）のドラゴンの（　　　　）。

4

□に当《あ》てはまる漢字《かんじ》を書《か》きましょう。

① 世界《せかい》の□□《へいわ》をねがう。

② わか□《もの》が広場に集《あつ》まる。

③ □□《むかしばなし》を本で読む。

5

次《つぎ》の言葉《ことば》のかなづかいの正しいほうをえらんで、（　）に○をつけましょう。

① 中学生の姉は、明るい｛（　）せいかく／（　）せえかく｝だ。

② てきの｛（　）こおげき／（　）こうげき｝をうまくかわす。

ドラゴンのひみつ

ガラハルは、自分がこわれることもおそれずに、大きなてきに立ち向《む》かう。

答え合わせをしたら⑥のシールをはろう！

7 クラゲのどくに気をつけろ

　月　日

答え 90ページ

カツオノエボシというクラゲは、日《に》本《ほん》の海では春から夏にかけて見られます。このクラゲは、クラゲの中でもとくに強いどくを持《も》っています。さされると、電気を流《なが》されたような、するどいいたみが走ります。そのため「デンキクラゲ」とよばれているのです。

カツオノエボシの体には、長いしょく手《しゅ》*があります。しょく手が生《い》き物《もの》などにふれると、小さなどくのあるはりが出てきます。このはりにさされると、体がしびれたり、引きつったりします。また、あまりのいたさに動《うご》けなくなることもあります。そのため、海の中でさされた人が、おぼれて死《し》んでしまうという事《じ》こも多いのです。

*しょく手《しゅ》…口のまわりにある、ひげのようなもの。物《もの》にさわったり、食《た》べ物《もの》をつかまえたりするもの。

1 **カツオノエボシが「デンキクラゲ」とよばれるのは、なぜですか。合うほうに○をつけましょう。**

ア　クラゲの中でもとくに強いどくを持《も》っているから。

イ　さされると、電気を流《なが》されたような、するどいいたみが走るから。

2 **カツオノエボシにさされた人が、海でおぼれて死《し》んでしまうことがあるのは、なぜですか。（　）に合う言葉《ことば》を書きましょう。**

・あまりの（　　　）に

（　　　）が

あるから。

3

□に当てはまる漢字《かんじ》を書きましょう。

① 先生の話を聞いて、□□《だいじ》なことをメモする。

② 谷間を□《なが》れる川で、つりをする。

③ テーブルを□《うご》かしてそうじをする。

4

次《つぎ》の文の——の言葉《ことば》と同じ意味《いみ》で使《つか》われているものをえらんで、一つに○をつけましょう。

・あまりのおどろきに、声も出なかった。

ア おなかがすいていないので、あまり食べられない。

イ 美《び》じゅつ館《かん》で見た絵のあまりのすばらしさに感《かん》どうした。

ウ 遠足の日まで、まだ一週間あまりある。

ドラゴンのひみつ ランスロウは、きりゅう族《ぞく》のぐんだんの主《しゅ》力《りょく》となるせんしだ。

答え合わせをしたら⑦のシールをはろう！

8 植物《しょくぶつ》が子《し》そんをのこすには

月　日

答え 90ページ

花のみつをすいにくる虫は、どんな役《やく》に立っているのでしょう。実《じつ》は、植《しょく》物《ぶつ》が子《し》そんをのこすための大切な役目《やくめ》をしているのです。

花の中には「おしべ」と「めしべ」があります。おしべの先にできる花《か》ふんがめしべの先につくと、やがて実《み》がなり、たねができます。

子《し》そんをふやすためには、できるだけ多くのなかまのめしべに花《か》ふんをとどけるひつようがあります。しかし、植物《しょくぶつ》は動《うご》き回《まわ》れません。そこで、目立つ色の花やあまいみつなどで、虫を引きつけます。そして、虫の体に花《か》ふんをくっつけて、はなれた場所《ばしょ》に運《はこ》んでもらうのです。

1 問《と》いかけている文をさがして、はじめの四字を書きましょう。

□□□□

2 **1**の文に対《たい》する答えになっている文をさがして、はじめの二字を書きましょう。

□□

3 植物《しょくぶつ》は、子《し》そんをふやすためにどんなくふうをしていますか。（　）に合う言葉《ことば》を書きましょう。

・植物《しょくぶつ》は、（　　　）を運《はこ》んでもらうために、目立つ色の花やあまい（　　　）などで、虫を引きつける。

4

□に当てはまる漢字《かんじ》を書きましょう。

① かきの木に大きな□《み》がなる。

② 新しいつくえを部屋《へや》に□《はこ》ぶ。

③ 大切な□□《やくめ》をはたす。

5

文のつながりを考えて、合うほうの言葉《ことば》をえらんで、（　）に○をつけましょう。

① 雨が弱くなってきた。｛（　）そこで／（　）でも｝、出かけることにした。

② 雨が弱くなってきた。｛（　）だから／（　）しかし｝、風はまだ強い。

ドラゴンのひみつ　ランスロウは、すぐれた人工知のうをもっているので頭がよく、チームでたたかう。

答え合わせをしたら⑧のシールをはろう！

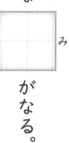

9 虫を食べる植物《しょくぶつ》

月　日

答え 90ページ

地球上《ちきゅうじょう》にはいろいろな植物《しょくぶつ》がありますが、中には虫を食べる植物《しょくぶつ》もあります。そんな植物《しょくぶつ》を「食虫植物《しょくぶつ》」といいます。

食虫植物《しょくぶつ》は、いったい何しゅるいくらいあるのでしょう。答えは、世界中《せかいじゅう》でおよそ五百しゅるい。この日本《にほん》にも二十しゅるいほどがあります。

なぜ食虫植物《しょくぶつ》は、虫をとるのでしょうか。それは、食虫植物《しょくぶつ》が、気温《きおん》がひくく土のしめった、植物《しょくぶつ》が育《そだ》ちにくい場所《ばしょ》に生えているからです。土のえいよう分が少ないため、植物《しょくぶつ》は他《ほか》からえいようをとらなければなりません。そこで、食虫植物《しょくぶつ》は、はえなどの虫をつかまえて生きているのです。

1 食虫植物《しょくぶつ》とは、どんな植物《しょくぶつ》のことをいいますか。

（　　　　　　　　　　）

2 問《と》いかけている文を二つさがして、はじめの五字をそれぞれ書きましょう。

□□□□□

□□□□□

3 食虫植物《しょくぶつ》が生えている場所《ばしょ》について、正しくないもの一つに○をつけましょう。

ア 土のえいよう分が少ない。
イ 気温《きおん》がひくい。
ウ 土がかわいている。

4 □に当てはまる漢字《かんじ》を書きましょう。

① □《そだ》てている□□《しょくぶつ》に花がさいた。

② 月は□□《ちきゅう》のまわりを回っている。

5 次《つぎ》の文の□には、ひらがなで書くと同じ言葉《ことば》が入ります。□からえらんで、（　）に書きましょう。

えいようを□。
こん虫を□。
魚を□。
写真《しゃしん》を□。

いく　とる　たす　やく

（　　）

ドラゴンのひみつ　ランスロウは、たてでこうげきをふせぎながら、やりをかまえてとつげきする。

答え合わせをしたら⑨のシールをはろう！

10 ステゴサウルスのとくいわざ

月　日

答え 90ページ

きょうりゅうのステゴサウルスのせなかには、ひれのような板《いた》がならんでいます。

板《いた》の表《おもて》や中には、*血《けっ》かんがたくさん通っていたあとが見つかりました。このことから、体をひやしたいときは、板《いた》の表《おもて》を太陽《たいよう》に当てないようにし、反《はん》対《たい》に、体を温《あたた》めたいときは、板《いた》を太陽《たいよう》に向《む》けて、ねつを集《あつ》めていたのではないかと考えられています。

ステゴサウルスのしっぽには、横《よこ》につき出た四本のとげがあります。肉食の動物《どうぶつ》から*身《み》を守《まも》るために、ステゴサウルスは、このとげのついたしっぽをふり回してたたかったと考えられています。

*血《けっ》かん…血《ち》が通るくだ。

*身《み》…自分。

1 ステゴサウルスのせなかにあるひれのような板《いた》の表《おもて》や中には、何が通っていましたか。

（　　　　）

2 ステゴサウルスは、体をひやしたいとき、ひれのような板《いた》をどうしていましたか。合うほうに○をつけましょう。

ア 板《いた》を太陽《たいよう》に向《む》けていた。

イ 板《いた》の表《おもて》を太陽《たいよう》に当てないようにしていた。

3 ステゴサウルスは、とげのついたしっぽをふり回して、何のためにたたかったのですか。

［　　　　］

4 □に当てはまる漢字《かんじ》を書きましょう。

① あつい□《いた》にくぎを打《う》つ。 ② はがきの□《おもて》にあて名を書く。

③ 画用紙に、たての線と□《よこ》の線を引く。

5 次《つぎ》の文の——の言葉《ことば》を漢字《かんじ》で書いたとき、送《おく》りがなのつけ方が正しいものをえらんで、（　）に○をつけましょう。

① みんなの注目《ちゅうもく》をあつめる
（　）集つめる。
（　）集める。

② さめてしまったスープをあたためる
（　）温たためる。
（　）温ためる。
（　）温める。

ドラゴンのひみつ
ランスロウのひっさつわざ「ストリームフィニッシュ」は、4ひきで同時にこうげきするわざだ。

答え合わせをしたら⑩のシールをはろう！

11 ぜつめつした鳥、モア

月　日

答え 90ページ

世界《せかい》さい大*の鳥はダチョウで、せの高さは二メートルほどにもなります。今ではぜつめつ*していますが、昔《むかし》、島《しま》国《ぐに》のニュージーランドには、それよりずっと大きなモアという鳥がいました。ジャイアント・モアという、とくに大きなモアのせは、四メートル近くもありました。ダチョウはとべない鳥ですが、モアもそうでした。

あるとき、人間は、畑《はたけ》などを作るために森を切《き》り開《ひら》き、動物《どうぶつ》たちのすむ場《ば》所《しょ》をうばいました。食べるために、モアをつかまえることもありました。とべないモアは他《ほか》の場所《ばしょ》へにげることができず、ぜつめつしてしまったのだと考えられています。

*さい大…いちばん大きいこと。
*ぜつめつ…ほろびて、すっかりなくなること。

1 モアは、どんな鳥ですか。合うもの二つに○をつけましょう。

ア ダチョウより小さい。
イ ダチョウより大きい。
ウ ふつうにとべる。
エ とべない。

2 人間は、モアをどうするためにつかまえることもあったのですか。

（　　　　）

3 モアという鳥は、今もいるのですか。いないのですか。

（　　　　）

4

□に当てはまる漢字《かんじ》を書きましょう。

① 夏休みに、家族《かぞく》で南の□《しま》へ行く。

② あたり一面《いちめん》、ひまわりの□《はたけ》が広がっている。

③ うめの花がつぼみを□《ひら》く。

5

次《つぎ》の――の言葉《ことば》と同じ意味《いみ》で使《つか》われているものをえらんで、一つに○をつけましょう。

・このペンは、あのペンよりもずっと書きやすい。

ア 何をしようか、ずっと考えている。

イ ここで友だちをずっと待《ま》っている。

ウ このやり方のほうが、ずっとかんたんだ。

ドラゴンのひみつ

ランスロウの中でも、すぐれたせいせきの者《もの》がリーダーになることができる。

答え合わせをしたら⑪のシールをはろう！

12 ランスロウのたたかい

月　日

答え 91 ページ

ランスロウは、いつも四ひきのチームで行動《こうどう》します。チームには一ぴきリーダーがいます。リーダーは、頭のてっぺんに大きな角があり、手に持《も》っているたて*には、羽かざりがついています。たたかいになると、ランスロウたちはたてに一列《いちれつ》にならんで、てきにとっ進《しん》します。そして、大きなやりで一ぴきずつれんぞく*でこうげきをします。このとき、同じ場所《ばしょ》に何度《なんど》もこうげきをするので、てきは大きなダメージを受《う》けるのです。

*たて…てきの、矢・やり・つるぎなどのこうげきをふせぐ道具《どうぐ》。

*れんぞく…同じものが次《つぎ》から次《つぎ》へとつづくこと。

ランスロウ

1 ランスロウは、いつもどのように行動《こうどう》しますか。（　）に合う言葉《ことば》を書きましょう。

・（　　　　）で行動《こうどう》する。

2 ランスロウはどのようにたたかいますか。そのじゅんになるように、（　）に番号《ばんごう》を書きましょう。

ア（　）てきにとっ進《しん》する。

イ（　）大きなやりでこうげきする。

ウ（　）たてに一列《いちれつ》にならぶ。

3 同じ場所《ばしょ》に何度《なんど》もこうげきされたてきは、どうなりますか。

（　　　　）

4

□に当てはまる漢字《かんじ》を書きましょう。

① てきに向《む》かってとっ□《しん》する。

② みんなでまとまって□□《こうどう》する。

③ 同じしっぱいを□□《なんど》もくり返《かえ》す。

5

次《つぎ》の言葉《ことば》につづく言葉《ことば》を下からえらんで、——線でつなぎましょう。

① 一列《いちれつ》に ・	・受《う》ける。
② ダメージを ・	・こうげきする。
③ やりで ・	・ならぶ。

ドラゴンのひみつ ランスロウは、自分のチームのリーダーにぜったいにしたがうようにプログラムされている。

答え合わせをしたら⑫のシールをはろう！

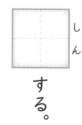

パズル①

アイテムをさがせ！

月　日

答え 96ページ

1 絵に合う、動《うご》きを表《あらわ》す言葉《ことば》をえらんで、——線でつなぎましょう。

けん

を

魚

を

たまご

を

ゆびわ

を

つる

はめる

ふる

わる

ガラハル

2

様子《ようす》を表《あらわ》す言葉《ことば》と、ものの名前を表《あらわ》す言葉《ことば》をぬりつぶしましょう。
のこった言葉《ことば》のアイテムを手に入れられます。

ランスロウ

	あそぶ		しずかだ
	はげしい		ドラゴン
	ほのお		やさしい

13 ホッキョクグマのかり

月　日

答え 91 ページ

ホッキョクグマは、北きょくを中心とした、寒《さむ》い北の地方にすんでいる肉食動物《どうぶつ》です。主《おも》に海の大形の生《い》き物《もの》をおそって食べます。あたたかい森や草原にくらべ、食《た》べ物《もの》となる動物《どうぶつ》は多くありません。だから、えものとなるアザラシなどに出会ったときは、一げき*でしとめます。たとえば、氷《こおり》のあなの近くでじっと待《ま》ちかまえて、アザラシが空気をすうためにあなの水面《すいめん》に顔を出すと、すばやくおそうのです。

ホッキョクグマのぶきは、前あしです。強いパンチをくり出し、するどいつめでえものを切りさきます。あごの力も強く、大きなきばでえものの頭までかみくだいてしまいます。

*一げき…一回、こうげきすること。

1 ホッキョクグマは、どんな動物《どうぶつ》ですか。（　）に合う言葉《ことば》を書きましょう。

・寒《さむ》い北の地方にすんでいて、（　　　　）の生《い》き物《もの》をおそって食べる肉食動物《どうぶつ》。

2 ホッキョクグマは、どのようにアザラシをおそいますか。（　）に合う言葉《ことば》を書きましょう。

・氷《こおり》のあなの近くでじっと（　　　　）、アザラシがあなの水面《すいめん》に顔を出すと、（　　　　）おそう。

3

□に当てはまる漢字《かんじ》を書きましょう。

① 急《きゅう》に□《さむ》くなり、池に□《こおり》がはる。

② □□《すいめん》に落《お》ち葉《ば》がただよっている。

4

次《つぎ》の二つの言葉《ことば》を組み合わせて、一つの言葉《ことば》を作りましょう。

〈れい〉話す＋合う→（話し合う）

① かむ ＋ くだく →（　　　）

② 切る ＋ さく →（　　　）

③ 待《ま》つ ＋ かまえる →（　　　）

ドラゴンのひみつ ベルスクスは、チームには入らずに１ぴきで行動《こうどう》するせんしだ。

答え合わせをしたら⑬のシールをはろう！

14 ワニのひっさつわざ

月　日

答え 91 ページ

野生のワニは、水中から鼻《はな》と目だけを出し、ぴくりとも動《うご》かずに、水を飲《の》みに近づくえものを、待《ま》ちかまえています。

えものがそばに来ると、ワニはいきなりとびかかります。とがった歯《は》がずらりとならんだ大きな口で、がぶりとかみつきます。すると、シマウマなどの大形の動物《どうぶつ》でも、水中に引きずりこ*まれてしまいます。

ワニは、大きなえものの肉を、かみちぎることができません。そこでえものをくわえたまま、自分の体をいきおいよく回し、えものの肉を引きちぎります。これを「デスロール（死《し》の回《かい》転《てん》*）」といいます。

*引きずりこむ…むりやり引っぱって中に入れる。

*回転《かいてん》…くるくる回すこと。

1 ワニがえものをとらえるじゅんになるように、（　）に番号《ばんごう》を書きましょう。

ア（　）近くに来たえものにいきなりとびかかる。

イ（　）かみついたえものを水中に引きずりこむ。

ウ（　）水中から鼻《はな》と目だけを出し、じっとえものを待《ま》ちかまえる。

エ（　）とがった歯《は》がならぶ大きな口でかみつく。

2 ワニが「デスロール」をするのは、どんなことができないからですか。

3 □に当てはまる漢字《かんじ》を書きましょう。

① 毎朝、牛にゅうを□《の》む。

② ゾウが長い□《はな》をぶらぶらさせている。

③ 空港《くうこう》行きのバスが来るのを□《ま》つ。

4 次《つぎ》の言葉《ことば》につづく言葉《ことば》を下からえらんで、——線でつなぎましょう。

① まどにとまった虫が、ぴくりとも・　　・かみつく。

② 人気の店に多くの人が、ずらりと・　　・動《うご》かない。

③ ライオンが、えものにがぶりと・　　・ならぶ。

ドラゴンのひみつ
ベルスクスは、てきのぐんだんの中の一番守《まも》りがかたいところにとつげきする。

答え合わせをしたら⑭のシールをはろう！

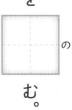

15 どくきのこには、どんなものがある？

月　日

答え 91 ページ

秋の森林では、多くのきのこが見られます。その中には、どくきのこもたくさんあります。

たとえば、赤いかさに、白いてんてんもようがあるのは、ベニテングタケで、夏から秋にかけて見られます。食べると、はき気におそわれ、*まぼろしを見たり、息《いき》が苦《くる》しくなったりします。

ドクツルタケは、白いきのこです。食べると、まずおなかがいたくなり、はき気とげりが始《はじ》まります。そしてだんだんひどくなっていき、*放《ほう》っておくと、死《し》んでしまいます。

*まぼろし…じっさいにはないものが、あるように見えること。

*放《ほう》っておく…そのままにしておく。

1 **ベニテングタケは、どんな色や様子《ようす》をしていますか。**

［　　　　　　　　］

2 **ドクツルタケを食べると、そのあと、どうなりますか。正しいじゅんになるように、（　）に番号《ばんごう》を書きましょう。**

ア（　）はき気とげりが始《はじ》まる。

イ（　）おなかがいたくなる。

ウ（　）放《ほう》っておくと、死《し》んでしまう。

3

□に当てはまる漢字《かんじ》を書きましょう。

① 大きく□《いき》をすって、深《しん》こきゅうする。

② かっていた小鳥が□《し》んでしまった。

③ 虫歯《むしば》がいたいのに□《ほう》っておく。

4

次《つぎ》の文から、送《おく》りがながまちがっている言葉《ことば》をさがして、その言葉《ことば》の横《よこ》に——線を引き、（　）に正しく書き直しましょう。

〈れい〉親しい友だちが多おい。（多い）

① ねつが高くて苦るしい。
（　　　）

② 楽しいえんそう会が始じまる。
（　　　）

ドラゴンのひみつ
ベルスクスは、全身《ぜんしん》をぶきにかいぞうしている。どの方向《ほうこう》からてきにおそわれてもだいじょうぶだ。

答え合わせをしたら⑮のシールをはろう！

16 血《ち》をすわないかもいる？

月　日

答え 91 ページ

あたたかいきせつには、たくさんの虫が活動《かつどう》します。わたしたちも、うす＊着《ぎ》で動《うご》き回《まわ》ります。だから、とくに夏には、かにさされてしまうことがあります。うでにとまっているかをたたいたら、手に血《ち》がついた、などということもあります。

かは、動物《どうぶつ》の血《ち》だけをすって生きているわけではありません。かの主《おも》な食《た》べ物《もの》は、花のみつや、草や木のしるなどです。

動物《どうぶつ》の血《ち》をすうのは、めすのかだけです。めすのかが血《ち》をすうのは、たまごを育《そだ》てるためのえいようとして、動《どう》物《ぶつ》の血《ち》をひつようとしているからです。

＊うす着《ぎ》…服《ふく》を少ししか着《き》ていないこと。

1 かの食《た》べ物《もの》は、動物《どうぶつ》の血《ち》、草や木のしるなどの他《ほか》に、何がありますか。

（　　　　　　）

2 次《つぎ》の文は、めすのかが血《ち》をすう理《り》由《ゆう》をせつ明したものです。（　）に合う言葉《ことば》を書きましょう。

・めすのかだけが（　　　）の血《ち》をすうのは、（　　　）を育《そだ》てるための（　　　）として、ひつようだから。

3

□に当てはまる漢字《かんじ》を書きましょう。

① 指《ゆび》を紙で切ってしまい、□《ち》が出た。

② 新しい服《ふく》を□《き》て出かける。

③ 学級委員《がっきゅういいん》が□□《かつどう》する。

4

次《つぎ》の言葉《ことば》と反対《はんたい》の意味《いみ》の言葉《ことば》を、——線でつなぎましょう。

① うすい・　　・はく

② すう・　　・からい

③ あまい・　　・あつい

ドラゴンのひみつ

ベルスクスの右うでにある「ボルトクロー」は、電気エネルギーをおびたするどいツメだ。

答え合わせをしたら⑯のシールをはろう！

17

ヤマアラシの身《み》の守《まも》り方《かた》

月　日

答え　92 ページ

　ヤマアラシは、体中に長いとげが、いっぱい生えています。小さい子どもから大人まで、このとげで身《み》を守《まも》っているのです。さすがにてきも、このとげだらけのヤマアラシには、手が出せません。
　とくに体の後ろのほうのとげは、とてもかたいつくり*になっています。だから、てきにささると、かんたんにはぬけないのです。ヤマアラシはおこると、てきに向《む》かって後《うし》ろ向《む》きになり、すごい速《はや》さで後ずさり*しながら、ぶつかっていきます。このとき、てきの顔や手に、かたいとげがつきささるのです。

*つくり…全体《ぜんたい》を形づくっている、しくみ。

*後ずさり…前を向《む》いたまま、後ろへ下がること。

1　ヤマアラシは、どんな動物《どうぶつ》ですか。一つに○をつけましょう。

ア　大きい動物《どうぶつ》。

イ　あしが長い動物《どうぶつ》。

ウ　長いとげがいっぱい生えた動《どう》物《ぶつ》。

2　ヤマアラシがおこると、どんなことをしますか。（　）に合う言葉《ことば》を書きましょう。

・（　　　）に向《む》かって

（　　　）になり、

すごい速《はや》さで

（　　　）

しながらぶつかっていくこと。

3

□に当てはまる漢字《かんじ》を書きましょう。

① てきから□《み》を□《まも》る方ほうを考える。

② 弟は、走るのがとても□《はや》い。

4

次《つぎ》の言葉《ことば》を正しく使《つか》っている文をえらんで、一つに○をつけましょう。

「さすがに」

ア どしゃぶりの雨の中を、さすがに出かけた。

イ 宿題《しゅくだい》が終《お》わったので、さすがに外に遊《あそ》びに出かけた。

ウ いつもはおとなしい兄だが、さすがにあのときはおこった。

ドラゴンのひみつ

ベルスクスの左うでの「バーサークソウ」は、高《こう》そくで回転《かいてん》してどんなかたいウロコも切りさく。

答え合わせをしたら⑰のシールをはろう！

18 体をかいぞうしたドラゴン

月　日

答え 92ページ

ベルスクスは、いちばん古くに作られた「きりゅう族《ぞく》」のドラゴンです。たたかいがすきで、自分から強いてきにちょうせんしていきます。

これまでにベルスクスは、たたかいの中で大きなダメージを受《う》けることが何度《なんど》もありました。しかし、そのたびに自分の体をかいぞう*し、強いぶきやじょうぶなよろいをそうび*してきました。それにより、はじめは黒色だった体は、今では金色や銀《ぎん》色《いろ》のつぎはぎになっています。ベルスクスは、この体をほこ*りに思っています。

*かいぞう…作りかえること。

*そうび…ひつようなものを取《と》りつけること。

*ほこりに思う…めいよに思う。

ベルスクス

1 ベルスクスは、いつ作られた何《なに》族《ぞく》のドラゴンですか。

［　　　　］

2 体をかいぞうしたけっか、ベルスクスの体は、どのようにかわりましたか。（　）に合う言葉《ことば》を書きましょう。

・（　　　　）から、金色や銀《ぎん》色《いろ》の（　　　　）になった。

3 2の体を、ベルスクスは、どう思っていますか。

（　　　　）

4

□に当てはまる漢字《かんじ》を書きましょう。

① ボールを両手《りょうて》で□《う》ける。

② メダルが□□《ぎんいろ》に光る。

③ □□《かぞく》そろって出かける。

5

次《つぎ》の（　）に入る言葉《ことば》を、▭から一つえらんで書きましょう。

・いろいろなぬので（　　　）してある、友だちのズボンはおしゃれだ。

ちょうせん　いちばん　つぎはぎ　ほこりに

ドラゴンのひみつ　ベルスクスのしっぽの先には、大きなやいば「ヘルズエッジ」があり、てきをたたき切る。

答え合わせをしたら⑱のシールをはろう！

20 太陽《たいよう》が生まれたとき

月　日

答え 92ページ

わたしたち人間をふくめ、ほとんどの生き《い》物《もの》にとって、太陽《たいよう》はなくてはならないものです。そんな太陽《たいよう》は、いつ、どのようにしてできたのでしょう。

はるか昔《むかし》。うちゅうにただよっていたガスが集《あつ》まって、やがてちぢみ始《はじ》めました。どんどんちぢんだガスは回転《かいてん》し始《はじ》め、その中心に、かがやく星が生まれました。四十六おく年前に生まれたこの星が、太陽《たいよう》です。

その後、太陽《たいよう》のまわりには、大きな円ばんのような形をした、ガスやちりのかたまりができました。これが、やがて地球《ちきゅう》や月などをふくむ「*太陽《たいよう》けい」とよばれるものになっていきます。

*太陽《たいよう》けい…太陽《たいよう》を中心として動《うご》いている天体の集《あつ》まり。

1 **太陽《たいよう》はどのようにしてできましたか。正しいじゅんになるように、（　）に番号《ばんごう》を書きましょう。**

ア（　）集《あつ》まったガスがちぢみ始《はじ》めた。

イ（　）ガスが回転《かいてん》し始《はじ》め、中心にかがやく星が生まれた。

ウ（　）うちゅうにただよっていたガスが集《あつ》まった。

2 **太陽《たいよう》のまわりにできたガスやちりのかたまりは、何とよばれるものになっていきますか。**

「（　　　　）」とよばれるもの。

3 □に当てはまる漢字《かんじ》を書きましょう。

① □□《たいよう》が明るくかがやく。

② □《むかし》、このあたりは海だった。

③ 川の生《い》き□《もの》について調《しら》べる。

4 次《つぎ》の文の（　）に当てはまる「こそあど言葉《ことば》」を下からえらんで、——線でつなぎましょう。

① 本が一さつある。（　）は、ぼくがずっと読みたかったものだ。・

② わたしは、今手に持《も》っている（　）服《ふく》を買うことに決《き》めた。・

・あの
・この
・どれ
・これ

ドラゴンのひみつ
ガンディヴァは、後ろの方からねつ光線を発《はっ》しゃし、ランスロウのこうげきをえんごする。

答え合わせをしたら⑳のシールをはろう！

21 太陽《たいよう》けいができるまで

月　日

答え 92 ページ

四十六おく年前に太陽《たいよう》が生まれたとき、そのまわりには、大きな円ばんの形をした、ガスやちりのかたまりができました。それらは、くっつき合うことで小さな岩になり、岩どうしがしょうとつしては、こわれたりまたくっついたりをくり返《かえ》したのです。そのうちのいくつかの岩は、合体*をくり返《かえ》すうちに大きくなりました。こうしてできたのが、地球《ちきゅう》や火星のような、岩でできたわく星*です。

また、太陽《たいよう》のまわりの円ばんの外がわのほうには、木星や土星のような、ガスでできたわく星ができました。

このように、太陽《たいよう》けいのわく星も、太陽《たいよう》と同じ時期《じき》にたん生したのです。

＊合体…二ついじょうのものが一つになること。

＊わく星…太陽《たいよう》のようなこう星《せい》のまわりを決《き》まった道すじで回っている星。

1 岩でできたわく星を、二つ書きましょう。

（　　　　）・（　　　　）

2 木星や土星は、㋐どこに、㋑何でできたわく星ですか。

㋐どこに（　　　　）

㋑何で（　　　　）

3 太陽《たいよう》と同じ時期にたん生したのは何ですか。八字で書きましょう。

（　　　　）

4 □に当てはまる漢字《かんじ》を書きましょう。

① 漢字《かんじ》をくり□《かえ》し練習《れんしゅう》する。

② うちゅうからとった□□《ちきゅう》の写真《しゃしん》を見る。

③ 四月は入学の□□《じき》だ。

5 次《つぎ》の言葉《ことば》のかなづかいの正しいほうをえらんで、（　）に○をつけましょう。

① 友だち｛（　）どうし／（　）どおし｝で助《たす》け合《あ》う。

② ｛（　）しょうとつ／（　）しょおとつ｝事《じ》こが多いので、気をつけよう。

ドラゴンのひみつ　ガンディヴァは、せん場の様子《ようす》を見て、ランスロウたちに命《めい》れいを出している。

答え合わせをしたら㉑のシールをはろう！

22 星が丸いのはなぜ？

月　日

答え 92ページ

太陽《たいよう》も地球《ちきゅう》も月も、ボールのような形をしています。どうしてでしょうか。

物《もの》はおたがいを引きよせる、引力という力を持《も》っています。星が丸いのは、星がとても大きくて引力が強いために、星を作っているガスやよう岩などが、ぎゅっと真《ま》ん中《なか》に集《あつ》まっているためです。

ガスでできた太陽《たいよう》のようなこう星《せい》がちぢんでしまわないのは、内がわからふくらもうとする力で、集《あつ》まろうとするガスがおしもどされるからです。

しかし、こう星《せい》がその一生を終《お》えるときには、おしもどす力が弱くなります。すると、星は急《きゅう》にちぢみます。とくに、とても重《おも》い星では、ちぢんだ後にちょう新星《しんせい》ばく発《はつ》が起《お》こります。

1 物《もの》が持《も》っている、おたがいを引きよせる力のことを、何といいますか。

（　　　）

2 ガスでできた太陽《たいよう》のようなこう星《せい》が、ちぢまないのはなぜですか。（　）に合う言葉《ことば》を書きましょう。

・内がわから（　　　）とする力で、（　　　）とするガスがおしもどされるから。

3 ちょう新星《しんせい》ばく発《はつ》が起《お》こるのは、どんな星ですか。

（　　　）

4
□に当てはまる漢字《かんじ》を書きましょう。

① □《きゅう》に雨がふり出した。

② 野球《やきゅう》のしあいが□《お》わった。

③ □《おも》いリュックサックをせ負《お》う。

5
次《つぎ》の言葉《ことば》と反対《はんたい》の意味《いみ》の言葉《ことば》を、漢字《かんじ》と送《おく》りがなで（　）に書きましょう。

① 強い ↔ （　　）

② おす ↔ （　　）

③ 大きい ↔ （　　）

ドラゴンのひみつ
ガンディヴァの体の中には、3つのまほう石があり、強いエネルギーを出すことができる。

答え合わせをしたら㉒のシールをはろう！

23 月に行くのにどれくらいかかる？

月　日

答え 93ページ

月は、わたしたちがくらしている地《ち》球《きゅう》から、どれくらいはなれているのでしょう。答えは、およそ三十八万四千四百キロメートルなのですが、これだと見当がつきませんね。

たとえば、*時速《じそく》十五キロメートルで休まず自転車《じてんしゃ》をこげば、やく三年で月に着《つ》きます。時速《じそく》三百キロメートルで進《すす》む新かん線「のぞみ」なら、やく五十三日の旅《たび》です。時速《じそく》千キロメートルのひこうきだと、やく十六日で*とう着《ちゃく》です。

月にはじめて着《ちゃく》りくしたうちゅう船のアポロ11号《ごう》は、三日ほどかけて月まで行きました。月に着《ちゃく》りくできたのは四日目のことでした。

*時速《じそく》…一時間に進《すす》む速《はや》さを、そのきょりで表《あらわ》したもの。

*とう着《ちゃく》…目《め》てき地に着《つ》くこと。

1. 月は地球《ちきゅう》から、きょりにしてどれくらいはなれていますか。
（　　　　）

2. 時速《じそく》十五キロメートルで自転車《じてんしゃ》を休まずこぐと、地球《ちきゅう》から月まで、どのくらいで着《つ》きますか。
・やく（　　　　）

3. 時速《じそく》千キロメートルで進《すす》むと、地球《ちきゅう》から月まで、どのくらいで着《つ》きますか。
・やく（　　　　）

4. はじめて月に着《ちゃく》りくしたうちゅう船は、何といいますか。
（　　　　）

5 □に当てはまる漢字《かんじ》を書きましょう。

① □□□《じてんしゃ》で、日本《にほん》一しゅうの□《たび》に出る。

② この時計は、七分□《すす》んでいる。

6 次《つぎ》の文の□には、ひらがなで書くと同じ言葉《ことば》が入ります。□からえらんで、（　）に書きましょう。

新かん線が□。
よごれが□。
仕事《しごと》に□。
見当が□。
もちを□。

きる　ない　つく　あう

（　　　）

ドラゴンのひみつ
ガンディヴァは、体の左右にねつ光線をれんしゃできる「パルスメーザー」をそうびしている。

答え合わせをしたら㉓のシールをはろう！

24 月の黒いもようのひみつ

月　日

答え 93ページ

月ができたばかりのころ、まわりから＊いん石《せき》が月にたくさんふってきて、あちこちにクレーターとよばれるあながてきました。少したつと、月の中から、とけたよう岩が流《なが》れ出《だ》しました。そして、クレーターをうめつくして、黒くて平《たい》らな場所《ばしょ》を作りました。これが、月を見るといつも見える黒いもようです。

＊いん石《せき》…流れ星《ながれぼし》のもえのこりが落《お》ちてきたもの。

この黒いもようは、地球《ちきゅう》から見える月の表《おもて》がわに多くあります。一方、月のうらがわには黒いもようがあまりありません。月のうらがわに黒いもようが少ないのは、表《おもて》がわよりうらがわの方が地面《じめん》があつく、よう岩が外に流《なが》れ出《で》なかったからと考えられています。

1 月にふってきたいん石《せき》が作ったあなのことを、何といいますか。五字で書きましょう。

2 月の中から何が流《なが》れ出《だ》しましたか。

（　　　　）

3 黒いもようが多くあるのは、月のどちらがわですか。合うほうに○をつけましょう。

ア 月の表《おもて》がわ。

イ 月のうらがわ。

4

□に当てはまる漢字《かんじ》を書きましょう。

① すわる □《ば》□《しょ》 をさがす。

② うらがわより □《おもて》 がわのほうが、つるつるしている。

③ 暑《あつ》くて、あせが □《なが》 れてきた。

5

次《つぎ》の文の□には、ひらがなで書くと同じ言葉《ことば》が入ります。□からえらんで、（　）に書きましょう。

家が□。
ゆげが□。
時間が□。
いすから□。

でる
たつ
うく

（　　）

ドラゴンのひみつ　ガンディヴァの両《りょう》かたの「ギガメーザー」は強力で、大きなドラゴンもいちげきでたおせる。

答え合わせをしたら㉔のシールをはろう！

25 天の川の正体

月　日

答え 93 ページ

天の川がよく見えるのは、夏の夜空です。月が出ていない晴れた夜に、南の空を見てみましょう。ぼんやりとした白い光のおびがのびて見えます。それが天の川です。

うちゅうでは、たくさんの星が銀《ぎん》がという大きな集《あつ》まりを作っています。わたしたちの住《す》む太陽《たいよう》けいは、銀《ぎん》がけいという銀《ぎん》がの中にあります。銀《ぎん》がけいはうずをまいた円ばんの形で、そこには太陽《たいよう》のようなこう星《せい》が、数千おくこもあるそうです。

天の川は、実《じつ》は地球《ちきゅう》から見た銀《ぎん》がけいのすがたで、川のように見える光のおびは、全《すべ》てが一つ一つかがやく星やガスで、銀《ぎん》がけいの中の様子《ようす》なのです。

1 銀《ぎん》がけいとは、どのようなものですか。（　）に合う言葉《ことば》を書きましょう。

・うずをまいた（　　　）の形。

・太陽《たいよう》のようなこう星《せい》が、（　　　）こもある。

2 天の川についてせつ明した文として、正しいものはどれですか。一つに○をつけましょう。

ア 川のように見える光のおびは、星だけでできている。

イ 天の川は、地球《ちきゅう》から見た太陽《たいよう》けいのすがただ。

ウ 天の川がよく見えるのは、夏の夜空だ。

3

□に当てはまる漢字《かんじ》を書きましょう。

① オリンピックで□《ぎん》メダルをとる。

② 宿題《しゅくだい》は□《すべ》て終《お》わった。

③ □《じつ》は、そのクイズの答えを知っている。

4

次《つぎ》の——の言葉《ことば》と同じ意味《いみ》で使《つか》われているものをえらんで、一つに○をつけましょう。

・明日は、晴れるそうだ。

ア 今にも雨がふりそうだ。

イ 父は、来週、いそがしいそうだ。

ウ 妹はわらっていて、楽しそうだ。

ドラゴンのひみつ ガンディヴァがひっさつわざを出すときは、つばさを広げて、大きな両《りょう》うでで体をこていする。

答え合わせをしたら㉕のシールをはろう！

26

すい星《せい》はどこから来る？

月　日

答え 93ページ

うちゅうには、とてもふしぎな星がたくさんあります。

ほうき星《ぼし》とよばれるすい星《せい》も、その一つです。すい星《せい》は、ある日とつぜん、夜空の向《む》こうからあらわれて、しだいに光のお＊をのばしながら地球《ちきゅう》に近づいてきます。そしてくるりと太陽《たいよう》を回り、やがて、うちゅうのかなたに遠ざかっていくのです。

＊お…しっぽのように、後ろに長くのびたもの。

すい星《せい》は主《おも》に氷《こおり》とちりでできています。すい星《せい》の光のおの正体は、氷《こおり》やちりが太陽《たいよう》の光によってふきとばされてかがやく光のおびで、いつも太陽《たいよう》とは反対《はんたい》がわにのびています。

有名《ゆうめい》なハレーすい星《せい》は、七十六年に一度《いちど》、地球《ちきゅう》に近づきます。

1 すい星《せい》は、どのようにあらわれますか。

［　　　　　　］

2 すい星《せい》は、何をのばしながら地《ち》球《きゅう》に近づいてきますか。

（　　　　　　）

3 すい星《せい》は、主《おも》に何でできていますか。

（　　　　　　）

4 七十六年に一度《いちど》、地球《ちきゅう》に近づく有名《ゆうめい》なすい星《せい》は、何ですか。

（　　　　　　）

5 □に当てはまる漢字《かんじ》を書きましょう。

① □□《ゆうめい》な作曲家《さっきょくか》の曲《きょく》をきく。

② □《む》こうから妹が来る。

③ この作品《さくひん》は、□《おも》に紙でできている。

6 次《つぎ》の——の言葉《ことば》とにた意味《いみ》の言葉《ことば》をそれぞれ□からえらんで、（　）に書きましょう。

① 海の<u>かなた</u>に、楽園のように美《うつく》しい島《しま》がある。

こちら　むこう　下のほう

（　　　　）

② あたりが<u>しだいに</u>暗《くら》くなってきた。

急《きゅう》に　ふしぎに　だんだん

（　　　　）

ドラゴンのひみつ　ガンディヴァは、うちゅうにいるゲオルギアスと通しんをしながら、たたかう。

答え合わせをしたら㉖のシールをはろう！

27

さい強ドラゴンのたたかい①

月　日

答え 94ページ

「せいりゅう族《ぞく》」でいちばん強いヴォーダンは、白くかがやく体と大きなつばさを持《も》っています。ふだんは空にういて動《うご》きませんが、たたかいを始《はじ》めると強力なビームで全《すべ》てをはかいします。

一方、「まりゅう族《ぞく》」でいちばん強いジャタイザンは、山のような体からやみのオーラを出して、まわりをま界《かい》＊にかえる力を持《も》ちます。

大昔《おおむかし》に一度《いちど》だけ、この二ひきがたたかいました。二ひきの力は同じで、たたかいは一年間つづいても終《お》わらなかったといわれています。

※87ページにつづく。

＊ま界《かい》…あくまのいる世界《せかい》。

1 次《つぎ》のうち、ヴォーダンに当てはまることには○を、ジャタイザンに当てはまることには△を、（　）に書きましょう。

（　）「せいりゅう族《ぞく》」である。

（　）「まりゅう族《ぞく》」である。

（　）山のような体からやみのオーラを出す。

（　）強力なビームで全《すべ》てをはかいする。

2 ヴォーダンとジャタイザンが大《おお》昔《むかし》に一度《いちど》たたかったとき、そのたたかいはどうなりましたか。

「　　　　　　」

★ヴォーダンは「ドラゴンドリル　小３計算のまき」に、ジャタイザンは「ドラゴンドリル　小３漢字のまき」にも登場するぞ。

3

□に当てはまる漢字《かんじ》を書きましょう。

① いつもハンカチを□《も》っている。

② かんらん車がゆっくり□《うご》く。

③ □□《すいぞく》館《かん》でイルカショーを見る。

4

次《つぎ》の文の——の言葉《ことば》を漢字《かんじ》で書いたとき、送《おく》りがなのつけ方が正しいほうをえらんで、（　）に○をつけましょう。

① サッカーのしあいがおわる
（　）終わる。
（　）終る。

② つくえの上のものはすべて
（　）全べて
（　）全て
かたづけた。

ドラゴンのひみつ
ゲオルギアスは、せいりゅうぞくとまりゅうぞくのたたかいを止めるために作られた。

答え合わせをしたら㉗のシールをはろう！

パズル②

ドラゴンが守《まも》るほう石

月　日

答え 96ページ

1

画数の同じ漢字《かんじ》を——線でつなぎましょう。
——線でかこまれたほう石を手に入れられます。

陽		委
界		客
福		球
育		落
祭		路

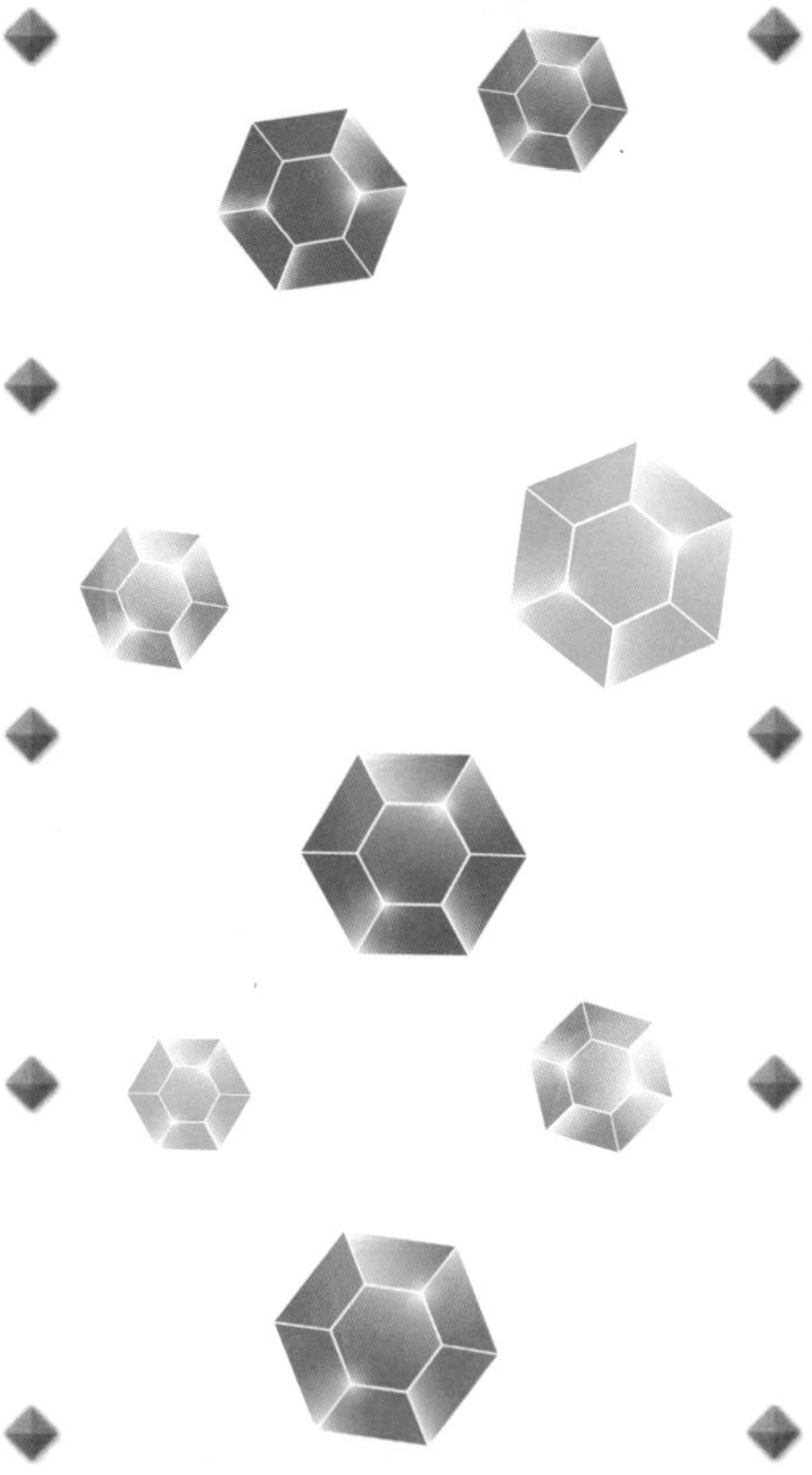

ベルスクス

2

送《おく》りがなが「る」の漢字《かんじ》をぬりつぶしましょう。のこった漢字《かんじ》のほう石を手に入れられます。

実	写
軽	取
守	練

ガンディヴァ

28

地球《ちきゅう》でいちばん寒《さむ》いのは？

月　日

答え 94ページ

南きょくと北きょくでは、どちらが寒《さむ》いでしょう。同じくらいの寒《さむ》さでしょうか。実《じつ》は、一年間の平《へい》きん気温《きおん》をくらべると、南きょくのほうが北きょくより二十度《ど》ほどひくいのです。

北きょくとよばれる場所《ばしょ》のほとんどは、海と氷《こおり》です。氷《こおり》の下の海水は、０度《ど》より少しひくいていどです。そのため、氷《こおり》の上もそんなにきびしい寒《さむ》さにはなりません。

一方、南きょくは大りくです。長い時間をかけてできた、分《ぶ》あつい氷《こおり》の山におおわれています。海からはなれた＊内りくほど寒《さむ》いものですが、南きょくはほとんどの場所《ばしょ》がこの内りくです。だから、とても寒《さむ》いのです。

＊内りく…りく地の中で、海岸《かいがん》から遠くはなれた地方。

1 南きょくと北きょくでは、どちらが寒《さむ》いのですか。

（　　　　）

2 北きょくは、どんな場所《ばしょ》ですか。（　）に合う言葉《ことば》を書きましょう。

・ほとんどは、（　　　　）。

3 南きょくは、どんな場所《ばしょ》ですか。（　）に合う言葉《ことば》を書きましょう。

・（　　　　）におおわれた大りく。

・大部分《だいぶぶん》が、（　　　　）から遠い内りく。

4

□に当てはまる漢字《かんじ》を書きましょう。

① きのうのさい高□□《きおん》は、三十□《ど》だった。

② 国語のテストの□《へい》きん点《てん》は、七十五点だった。

5

次《つぎ》の言葉《ことば》と反対《はんたい》の意味《いみ》の言葉《ことば》を□からえらんで、（　）に書きましょう。

① 海にうかぶ。 ↔ 海に（　　　）。

② 夏は暑《あつ》い。 ↔ 冬は（　　　）。

つめたい　しずむ　落《お》ちる　寒《さむ》い

ドラゴンのひみつ

ゲオルギアスの体の形は、せいりゅう族《ぞく》のヴォーダンににせて作られている。

答え合わせをしたら㉘のシールをはろう！

29 ヒゲクジラの食事《しょくじ》

月　日

答え 94ページ

ヒゲクジラは、海にすむオキアミなどの生《い》き物《もの》や、むれを作って泳《およ》ぐ小さな魚を食べています。

ヒゲクジラには歯《は》がなく、口の中にひげのようなものがびっしり生えています。ヒゲクジラは、このひげのようなものを上手に使《つか》って、えものを食べます。

食べるときは、大きな口で海水ごとえものを口の中に入れ、大きなしたで海水だけおし出します。そのとき、ひげのようなものによってえものだけが口の中にのこるので、それを食べるのです。

ヒゲクジラのなかまのザトウクジラは、四頭から十頭でえものをとります。

1 ヒゲクジラは、何を食べていますか。（　）に合う言葉《ことば》を書きましょう。

・（　　）などの生《い》き物《もの》。

・むれを作って泳《およ》ぐ（　　）。

2 ヒゲクジラがえものを食べるときのじゅんになるように、（　）に番号《ばんごう》を書きましょう。

ア（　）大きなしたで海水だけをおし出す。

イ（　）海水ごとえものを口の中に入れる。

ウ（　）口の中にのこったえものを食べる。

3

□に当てはまる漢字《かんじ》を書きましょう。

① プールで五十メートル□《およ》ぐ。

② ねる前には、かならず□《は》をみがく。

③ □□《しょくじ》の用意《ようい》をする。

4

次《つぎ》の言葉《ことば》につづく言葉《ことば》を下からえらんで、——線でつなぎましょう。

① ひげが　・　　・作る。

② えものを　・　　・生える。

③ むれを　・　　・とる。

ドラゴンのひみつ

ゲオルギアスは、体中にたくさん顔がある。これはまりゅう族《ぞく》のジャタイザンのとくちょうを元にしている。

答え合わせをしたら㉙のシールをはろう！

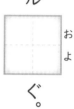

30 コウモリの血《ち》のすい方

月　日

答え 94ページ

チスイコウモリは、人間や*家《か》ちくなどにとりついて、血《ち》をなめとります。

チスイコウモリは、えものに近づき、カミソリのは・のようにするどい歯《は》で皮《ひ》ふを切りさき、血《ち》を出します。えものとなった動物《どうぶつ》はねむっていることが多く、皮《ひ》ふをあさく切られるので、いたみを感《かん》じにくく、すぐには気づきません。

チスイコウモリのつばには、血《ち》をかたまらせない*せい分《ぶん》があるため、えものの血《ち》を二十分くらいなめつづけることができます。つばの中には、病気《びょうき》のもとになるきんやウイルスもいるので、チスイコウモリに血《ち》をなめとられることは、とてもきけんです。

*家《か》ちく…人のくらしに役立《やくだ》てるためにかう動物《どうぶつ》。牛や馬、ぶたなど。

*せい分《ぶん》…ものを形作っているもとになる、一つ一つのもの。

1 **チスイコウモリは、えものに近づいて、何をしますか。（　）に合う言葉《ことば》を書きましょう。**

・カミソリのは・のようにするどい（　　）で（　　）を切りさき、（　　）を出す。

2 **チスイコウモリのつばの中には、どんなものがありますか。二つに○をつけましょう。**

ア　えものの皮《ひ》ふを切りさくどく。

イ　えものの血《ち》をかたまらせないせい分《ぶん》。

ウ　病気《びょうき》のもとになるきんやウイルス。

3 □に当てはまる漢字《かんじ》を書きましょう。

① 家族《かぞく》で □□《どうぶつ》園に行く。

② 北風がふいて、寒《さむ》さを □《かん》じた。

③ かぜをひいて、□《びょう》院《いん》へ行く。

4 次《つぎ》の言葉《ことば》のかなづかいの正しいほうをえらんで、（　）に○をつけましょう。

① まちがいに
（　）気ずく。
（　）気づく。

② アイスクリームを
（　）なめつずける。
（　）なめつづける。

ドラゴンのひみつ
ゲオルギアスはうちゅう空間から、地上のきりゅう族《ぞく》に命《めい》れいを送《おく》っている。

答え合わせをしたら㉚のシールをはろう！

31 きょうりゅうのあしのつき方

月　日

答え 94ページ

きょうりゅうは、は虫《ちゅう》るいの中でいちばん*進化《しんか》したなかまです。は虫《ちゅう》るいとは、からのあるたまごをうみ、かわいた場《ば》所《しょ》でも生きられる、かたい皮《ひ》ふを持《も》った動物《どうぶつ》です。トカゲやワニなどが、このなかまです。

*進化《しんか》…長い年月の間に生物《せいぶつ》の体が生活しやすいようにかわっていくこと。

トカゲやワニと、きょうりゅうとの大きなちがいは、あしのつき方です。トカゲのあしは、体から横《よこ》へ出ています。ワニのあしは、体からななめ下へ出ています。しかし、きょうりゅうのあしは、体から真《ま》っすぐ下へのびています。

このように、体が下からあしでしっかりささえられているので、きょうりゅうは、すばやく動《うご》くことができました。

1 **きょうりゅうは、何の中でいちばん進化《しんか》したなかまですか。**

（　　　　　　）

2 **①トカゲ、②ワニ、③きょうりゅうのあしのつき方を、それぞれ記号《きごう》で答えましょう。**

①□　②□　③□

ア 体から真《ま》っすぐ下へのびている。
イ 体から横《よこ》へ出ている。
ウ 体からななめ下へ出ている。

3 □に当てはまる漢字《かんじ》を書きましょう。

① 生《い》き物《もの》は□《しん》□《か》をつづける。

② 友だちの□《よこ》を通りすぎる。

③ □《ま》っすぐ前を向《む》いて歩く。

4 次《つぎ》の言葉《ことば》と反対《はんたい》の意味《いみ》の言葉《ことば》を、——線でつなぎましょう。

① かたい・　　・しめる

② 出る・　　・やわらかい

③ かわく・　　・入る

ドラゴンのひみつ　ゲオルギアスは、ヴォーダンとジャタイザンとたたかうために、地上に下りてくる。

答え合わせをしたら㉛のシールをはろう！

32 きょうりゅうは、いつごろいた？

月　日

答え 95ページ

きょうりゅうは、今から二おく三千万年ほど前から、六千六百万年ほど前の地球《ちきゅう》にいました。今よりも地球《ちきゅう》全体《ぜんたい》があたたかい時代《じだい》で、この時代《じだい》を「中生代《ちゅうせいだい》」とよんでいます。

中生代《ちゅうせいだい》は、「三《さん》じょうき」「ジュラき」「白《はく》あき」の三つに分けられます。三《さん》じょうきの半《なか》ば*に、エオラプトルなど、後ろあしで立って歩くきょうりゅうがあらわれ始《はじ》め、ふえていきました。そして、ジュラきと白《はく》あきにかけて、きょうりゅうはさまざまなすがたに進《しん》化《か》し、しゅるいがふえていきました。

しかし、白《はく》あきの終《お》わりに、きょうりゅうはほろ*んで、いなくなりました。

*半《なか》ば…全体《ぜんたい》のほぼ半分。

*ほろぶ…これまでいたものがいなくなる。死《し》ぬ。

1 きょうりゅうがいたころの地球《ちきゅう》は、今とくらべてどんな時代《じだい》でしたか。（　）に合う言葉《ことば》を書きましょう。

・地球全体《ちきゅうぜんたい》が（　　　　）時代《じだい》。

2 三《さん》じょうきにいたエオラプトルは、どんなきょうりゅうでしたか。

［　　　　］

3 きょうりゅうがほろんだのはいつですか。一つに○をつけましょう。

ア 三《さん》じょうき
イ ジュラき
ウ 白《はく》あき

4

□に当てはまる漢字《かんじ》を書きましょう。

① えど□□《じだい》のくらしについて書かれた本を読む。

② テスト勉強《べんきょう》を□《はじ》める。

③ クラス□□《ぜんたい》で決《き》める。

5

次《つぎ》の文から、送《おく》りがながまちがっている言葉《ことば》をさがして、その言葉《ことば》の横《よこ》に——線を引き、（　）に正しく書き直しましょう。

〈れい〉人の数が少い。（少ない）

① つり橋《ばし》の半かばまで歩いた。

（　　）

② 後しろのせきの友だちと話す。

（　　）

ドラゴンのひみつ　ゲオルギアスは、体中にまほう石で作られたエネルギーコアを持《も》っている。

答え合わせをしたら㉜のシールをはろう！

33 きょうりゅうのうんちの化石《かせき》

月　日

答え 95ページ

きょうりゅうのうんちも化石《かせき》になっています。うんちの中には、動物《どうぶつ》のほねや植物《しょくぶつ》の実《み》などが入っていて、きょうりゅうが食べていた物《もの》がわかります。

一九九五年、カナダで四十五センチメートルもの長さの、ごつごつした化《か》石《せき》が見つかり、中にはほねのかけらが入っていました。見つかった場《ば》所《しょ》などから、大形の肉食のきょうりゅう、ティラノサウルスのうんちにほぼ*まちがいないだろうと考えられています。

*ほぼ…だいたい

うんちの化石《かせき》には、においはありません。色は、茶色いもののもあれば、はい色や黄色のものもあります。これはうんちそのものの色ではなく、まわりのすなや石の色です。

1 きょうりゅうのうんちの化石《かせき》の中には、何が入っていますか。（　）に合う言葉《ことば》を書きましょう。

・動物《どうぶつ》の（　　）や

植物《しょくぶつ》の（　　）など。

2 一九九五年にカナダで見つかったうんちの化石《かせき》の長さは、どのくらいでしたか。

（　　）

3 うんちの化石《かせき》の色は、どんなものの色ですか。

（　　）

4 □に当てはまる漢字《かんじ》を書きましょう。

① 自分の□《もの》は、きちんと整理《せいり》する。

② 森で木の□《み》をひろう。

③ □□《しょくぶつ》図かんで、ばらについて調《しら》べる。

5 次《つぎ》の文の▭の言葉《ことば》をくわしくせつ明している言葉《ことば》は、どれですか。その言葉《ことば》の記号《きごう》を（　）に書きましょう。

① ア ぼくは　イ 山で、　ウ ごつごつした　［石］を　エ 見つけた。
（　　）

② ア 本当の　イ ことが　ウ やっと　［わかった］。
（　　）

ドラゴンのひみつ
ゲオルギアスは、つばさから地球《ちきゅう》のエネルギーをきゅうしゅうし、コアにためこむ。

答え合わせをしたら㉝のシールをはろう！

34 とべるきょうりゅうはいた？

月　日

答え 95ページ

きょうりゅうの中には、鳥のように羽毛*のあるものや、つばさを持《も》つものがいました。つばさを持《も》つものの中には、空をとべたものもいたと考えられています。

ただし、つばさのあるきょうりゅうの化石《かせき》をよく調《しら》べてみると、今の鳥ほどは、はばたく*ためのきん肉がついていなかったことがわかっています。そのため、はばたくのではなく、つばさを横《よこ》に広げて、風に乗《の》るようにしてとんでいたと思われます。

つばさのあるきょうりゅうが、鳥とちがうところは、歯《は》があることや、前あしに、とがったつめのついた指《ゆび》があることです。

*羽毛…鳥の体に生えている羽。

*はばたく…つばさを広げて上下に動《うご》かす。

1 **つばさのあるきょうりゅうは、どのように空をとんでいたと思われますか。（　）に合う言葉《ことば》を書きましょう。**

・つばさを（　　）に広げて、（　　）ようにしてとんでいた。

2 **つばさのあるきょうりゅうが、鳥とちがうのは、どんなことですか。二つに○をつけましょう。**

ア 歯《は》があること。

イ とがった耳があること。

ウ 前あしに、つめのついた指《ゆび》があること。

3

□に当てはまる漢字《かんじ》を書きましょう。

① □《よこ》にならんで写真《しゃしん》をとる。

② 言葉《ことば》の意味《いみ》を国語じてんで□《しら》べる。

③ しつもんに、じしんを□《も》って答える。

4

次《つぎ》の□の中から、なかまの言葉《ことば》ではないものを二つえらんで、（　）に書きましょう。

風　歯《は》　指《ゆび》
前あし　石
きん肉　つめ

（　　　　）（　　　　）

ドラゴンのひみつ

ゲオルギアスは、全身《ぜんしん》にある顔からビームを放《はな》つことができる。

答え合わせをしたら㉞のシールをはろう！

35 きょうりゅうがいなくなったのは、なぜ？

月　日

答え 95ページ

中生代《ちゅうせいだい》の白《はく》あきの終《お》わり、今から六千六百万年ほど前に、きょうりゅうは*いっせいにいなくなりました。大きないん石《せき》が落《お》ちてきたことが、いちばんの理由《りゆう》だとされています。

*いっせいに…みんなそろって同時に。

大きないん石《せき》が地球《ちきゅう》に落《お》ちたとき、たくさんのすなぼこりやちりがまい上がりました。ちりは、空をあつくおおい、太陽《たいよう》の光を長い間*さえぎりました。

*さえぎる…間に物《もの》をおいて、見えなくする。

こうして、地球《ちきゅう》は暗《くら》くなり、どんどん寒《さむ》くなっていきました。草木はかれ、植物食《しょくぶつしょく》のきょうりゅうは食べるものがなくなりました。植物食《しょくぶつしょく》のきょうりゅうが死《し》ぬと、植物食《しょくぶつしょく》のきょうりゅうを食べていた肉食のきょうりゅうも数がへり、次々《つぎつぎ》と死《し》んでいきました。

1 きょうりゅうがいなくなったいちばんの理由《りゆう》とされているのは、どんなことですか。

［　　　　　　　］

2 太陽《たいよう》の光が長い間さえぎられた地球《ちきゅう》は、その後、どうなりましたか。（　）に合う言葉《ことば》を書きましょう。

・地球《ちきゅう》は（　　）なり、どんどん（　　）なっていった。

3 先に死《し》んでいったのは、次《つぎ》のどちらですか。〇をつけましょう。

ア 植物食《しょくぶつしょく》のきょうりゅう。

イ 肉食のきょうりゅう。

4

□に当てはまる漢字《かんじ》を書きましょう。

① 時間におくれた□□《りゆう》を話す。

② 服《ふく》のよごれが□《お》ちる。

③ □《つぎ》の駅《えき》でおりる。

5

次《つぎ》の言葉《ことば》と反対《はんたい》の意味《いみ》の言葉《ことば》を、——線でつなぎましょう。

① へる ・　　・始《はじ》まり

② 暗《くら》い ・　　・生まれる

③ 終《お》わり ・　　・明るい

④ 死《し》ぬ ・　　・ふえる

ドラゴンのひみつ
ゲオルギアスは、しっぽの先にも頭をもっている。そこからもビームを放《はな》つ。

答え合わせをしたら㉟のシールをはろう！

36 さい強ドラゴンのたたかい②

月　日

答え 95ページ

ヴォーダンとジャタイザンのたたかいを終《お》わらせたのは、「きりゅう族《ぞく》」でいちばん強いゲオルギアスでした。ゲオルギアスは、ヴォーダンとジャタイザンの力を取《と》り入《い》れて作られたドラゴンで、体中からビームを放《はな》ちます。

　ゲオルギアスは、たたかいをやめないヴォーダンとジャタイザンの間に入り、両者《りょうしゃ》にきずを負《お》わせました。こうして、力が弱まった「せいりゅう族《ぞく》」と「まりゅう族《ぞく》」は、ふういん*されて、役目《やくめ》を終《お》えた「きりゅう族《ぞく》」もねむりについたのです。

*ふういん…二度《にど》と表《おもて》に出ないようにすること。

ゲオルギアス

1 ヴォーダンとジャタイザンのたたかいを終《お》わらせたのは、どんなドラゴンですか。（　）に合う言葉《ことば》を書きましょう。

・（　　　）でいちばん強い（　　　）。

2 ゲオルギアスによって力が弱まった「せいりゅう族《ぞく》」と「まりゅう族《ぞく》」は、どうなりましたか。

（　　　）

3 役目《やくめ》を終《お》えた「きりゅう族《ぞく》」は、どうなりましたか。

（　　　）

4

□に当てはまる漢字《かんじ》を書きましょう。

① 車のライトが強い光を□《はな》つ。

② せんたくものを□《と》り入《い》れる。

③ □《りょう》□《て》で荷物《にもつ》を持《も》つ。

5

次《つぎ》の言葉《ことば》につづく言葉《ことば》を下からえらんで、——線でつなぎましょう。

① ねむりに・　　・負《お》う。

② きずを・　　・終《お》える。

③ 役目《やくめ》を・　　・つく。

ドラゴンのひみつ

ゲオルギアスは、ひっさつわざ「ウルティメイト・マナ」でドラゴンたちをふういんした。

答え合わせをしたら㊱のシールをはろう！

答え

おうちの方へ

まちがえた問題は、見直しをして
しっかり理解させましょう。

1 キングコブラのどく　13～14ページ

1 一かみ・二十
2 たまご・近づく
3 ①世界　②守　③起
4 ①心ぞう　②近づいて

アドバイス　4②「近づく」を「近ずく」と書くまちがいが多いので、気をつけさせましょう。

2 グンタイアリのかり　15～16ページ

1 イ・ウ
2 えものの上に（わらわらと）はい上がって、かじりつく。
3 はたらき
4 ①動物　②持　③皮
5 ①引きはがす　②はい上がる

アドバイス　5①「引く」が「引き」に、②「はう」が「はい」に形が変わることをおさえさせましょう。

3 海のギャング、シャチ　17～18ページ

1 「海のギャング」（「　」はなくても正解）
2 ア（3）
イ（2）
ウ（1）
3 ①方向　②波　③反対
4 ①合わせる　②おどろく

4 たまごから生まれたきょうりゅう　19～20ページ

1 それは
2 真ん丸の形・細長いカプセルのような形（順不同）
3 大きくない
4 ①化石　②場所　③発見
5 それほど

5 ヴェロキラプトルの大きなつめ　21～22ページ

1 ふり下ろ・えもの・おそう
2 細くてあしが長い体つき（のため）。
3 ①身長　②曲　③指
4 ①軽い　②長い　③細い

6 大昔のドラゴンたち　23～24ページ

1 「せいりゅう族」・「まりゅう族」（順不同）
2 「まりゅう族」
3 きかい・「きりゅう族」
＊1～3は「　」がなくても正解です。
4 ①平和　②者　③昔話
5 ①せいかく　②こうげき

7 クラゲのどくに気をつけろ 25〜26ページ

1 イ
2 いたさ・動けなくなること
3 ①大事 ②流 ③動
4 イ

アドバイス 4 「・あまりのおどろきに、声も出なかった。」とイの「あまり」は、程度が激しい様子を表す言葉、アの「あまり」は「たいして」「それほど」の意味、ウの「あまり」は、「〜より少し多いこと。」を表す言葉です。

8 植物が子そんをのこすには 27〜28ページ

1 花のみつ
2 実は
3 花ふん・みつ
4 ①実 ②運 ③役目
5 ①そこで ②しかし

9 虫を食べる植物 29〜30ページ

1 虫を食べる植物。
2 食虫植物は・なぜ食虫植（順不同）
3 ウ
4 ①育・植物 ②地球
5 とる

アドバイス 5 それぞれの「とる」の漢字と意味は、「栄養を取る。」（自分のものにする。）、「昆虫を採る。」（探して集める。）、「魚を捕る。」（つかまえる。）、「写真を撮る。」（写真を写す。）です。

10 ステゴサウルスのとくいわざ 31〜32ページ

1 血かん
2 イ
3 肉食の動物から身を守るため。
4 ①板 ②表 ③横
5 ①集める ②温める

11 ぜつめつした鳥、モア 33〜34ページ

1 イ・エ
2 食べるため。
3 いない
4 ①島 ②畑 ③開
5 ウ

アドバイス 3 二つ目の段落の終わりから二行目にある「ぜつめつしてしまった」から、今はもういないということを読み取らせましょう。

5 「・このペンは、あのペンよりもずっと書きやすい。」とウの「ずっと」は「はるかに」「かなり」の意味、アとイの「ずっと」は、ある状態を長く続ける様子を表す言葉です。

12 ランスロウのたたかい　35〜36ページ

1 (いつも) 四ひきのチーム

2 ア (2)
イ (3)
ウ (1)

3 大きなダメージを受ける。

4 ① 進　② 行動　③ 何度

5 ① 受ける。
② こうげきする。
③ ならぶ。

13 ホッキョクグマのかり　39〜40ページ

1 (主に) 海の大形

2 待ちかまえて・すばやく

3 ① 寒・氷　② 水面

4 ① かみくだく　② 切りさく
③ 待ちかまえる

14 ワニのひっさつわざ　41〜42ページ

1 ア (2)
イ (4)
ウ (1)
エ (3)

2 大きなえものの肉を、かみちぎること。

3 ① 飲　② 鼻　③ 待

4 ① かみつく。
② 動かない。
③ ならぶ。

アドバイス 3 ② 「鼻」は画数が多いので、一画ずつ丁寧に書かせましょう。

15 どくきのこには、どんなものがある？　43〜44ページ

1 赤いかさに、白いてんてんもようがある。

2 ア (2)
イ (1)
ウ (3)

3 ① 息　② 死　③ 放

4 ① 苦るしい→苦しい
② 始じまる→始まる

アドバイス 4 ① 「苦しい」も②「始まる」も、送りがなをまちがえることが多いので、気をつけさせましょう。

16 血をすわないかもいる？　45〜46ページ

1 花のみつ。

2 動物・たまご・えいよう

3 ① 血　② 着　③ 活動

4 ① はく
② からい
③ あつい

17 ヤマアラシの身の守り方 47～48ページ

1 ウ
2 てき・後ろ向き・後ずさり
3 ①身・守 ②速
4 ウ

18 体をかいぞうしたドラゴン 49～50ページ

1 いちばん古くに作られた「きりゅう族」のドラゴン。
2 黒色・つぎはぎ
3 ほこりに思っている。
4 ①受 ②銀色 ③家族
5 ①つぎはぎ

アドバイス 5「つぎはぎ」は「着物などのやぶれめにつぎを当てたり、布をはぎ合わせたりすること。」の意味であることをおさえさせましょう。

19 どうして星はかがやくの？ 51～52ページ

1 軽いガス・（ものすごい）光とねつ
2 青く・赤く
3 ①表面 ②温度 ③軽
4 ①いつも ②ほとんど

20 太陽が生まれたとき 53～54ページ

1 ア（2）
イ（3）
ウ（1）
2 「太陽けい」（「　」がなくても正解）
3 ①太陽 ②昔 ③物
4 ①これ ②この

アドバイス 4①「これ」も②「この」も、話し手の近くにあるものを指すときに使うことをおさえさせましょう。

21 太陽けいができるまで 55～56ページ

1 地球・火星（順不同）
2 ㋐太陽のまわりの円ばんの外がわ（のほう） ㋑ガス
3 太陽けいのわく星
4 ①返 ②地球 ③時期
5 ①どうし ②しょうとつ

22 星が丸いのはなぜ？ 57～58ページ

1 引力
2 ふくらもう・集まろう
3 とても重い星。
4 ①急 ②終 ③重
5 ①弱い ②引く ③小さい

23 月に行くのにどれくらいかかる？ 59～60ページ

1 およそ三十八万四千四百キロメートル

2 三年

3 十六日

4 アポロ11号

5 ①自転車・旅 ②進

6 つく

アドバイス 6 それぞれの「つく」の意味を確かめておきましょう。「新かん線が着く。」は「到着する。」、「よごれが付く。」は「くっつく。」、「仕事に就く。」は「ある物事を始める。」、「見当が付く。」は「はっきりする。」、「もちをつく。」は「きねなどでおしつぶす。」です。

24 月の黒いもようのひみつ 61～62ページ

1 クレーター

2 とけたよう岩。

3 ア

4 ①場所 ②表 ③流

5 たつ

アドバイス 5 それぞれの「たつ」の意味を確かめておきましょう。「家が建つ。」は「建物などが造られる。」、「ゆげが立つ。」は「上へ上がる。」、「時間がたつ。」は「時間が過ぎる。」、「いすから立つ。」は「起き上がる。」。

25 天の川の正体 63～64ページ

1 円ばん・数千おく

2 ウ

3 ①銀 ②全 ③実

4 イ

アドバイス 4 「・明日は、晴れるそうだ。」とイの「そうだ」は人から聞いたことを表す言葉で、「～ということだ。」の意味。アとウの「そうだ」は物事の様子を表す言葉で、「～の様子だ。」「～のようである。」の意味。

26 すい星はどこから来る？ 65～66ページ

1 ある日とつぜん、夜空の向こうからあらわれる。

2 光のお・（「・」はついていなくても正解）

3 氷とちり。

4 ハレーすい星

5 ①有名 ②向 ③主

6 ①むこう ②だんだん

アドバイス 5 ①「有」の一画目と二画目の書き順（「ノナ冇有有」）に気をつけさせましょう。

27 さい強ドラゴンのたたかい① 67〜68ページ

1 (〇) (△) (△) (〇)

2 一年間つづいても終わらなかった。

3 ① 持 ② 動 ③ 水族

4 ① 終わる ② 全て

アドバイス 1 一つ目の段落にはヴォーダンについて、二つ目の段落にはジャタイザンについての説明が書かれています。正しく読み取らせましょう。

28 地球でいちばん寒いのは？ 71〜72ページ

1 南きょく

2 海と氷

3 分あつい氷の山・海

4 ① 気温・度 ② 平

5 ① しずむ ② 寒い

29 ヒゲクジラの食事 73〜74ページ

1 (海にすむ) オキアミ・小さな魚

2 ア (2) イ (1) ウ (3)

3 ① 泳 ② 歯 ③ 食事

4 ① ② ③

作る。 生える。 とる。

アドバイス 2 ヒゲクジラは、海水ごと獲物を口の中に入れますが、ひげのようなもので海水をこして、獲物だけを食べていることを理解させましょう。

30 コウモリの血のすい方 75〜76ページ

1 歯・皮ふ・血

2 イ・ウ

3 ① 動物 ② 感 ③ 病

4 ① 気づく ② なめつづける

31 きょうりゅうのあしのつき方 77〜78ページ

1 は虫るい

2 ① イ ② ウ ③ ア

3 ① 進化 ② 横 ③ 真

4 ① ② ③

しめる やわらかい 入る

アドバイス 2 二つ目の段落に、トカゲ、ワニ、きょうりゅうのあしのつき方についての説明があります。整理して読み取らせましょう。

32 きょうりゅうは、いつごろいた？ 79～80ページ

1 あたたかい

2 後ろあしで立って歩くきょうりゅう。

3 ウ

4 ①時代 ②始 ③全体

5 ①半かば→半ば ②後しろ→後ろ

33 きょうりゅうのうんちの化石 81～82ページ

1 ほね・実

2 四十五センチメートル

3 まわりのすなや石（の色）。

4 ①物 ②実 ③植物

5 ①ウ ②ウ

アドバイス 1 うんちの化石に入っていた物から、恐竜が食べていた物がわかることを確かめさせましょう。

34 とべるきょうりゅうはいた？ 83～84ページ

1 横・風に乗る

2 ア・ウ

3 ①横 ②調 ③持

4 風・石（順不同）

アドバイス 4 「風」と「石」以外のものは、体に関する仲間の言葉であることをおさえさせましょう。

5 ① ② ③ ④

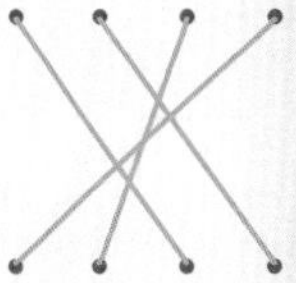

始まり 生まれる 明るい ふえる

アドバイス 3 草木が枯れたことで、それを食べていた植物食の恐竜から先に滅びていったことを、おさえさせましょう。

35 きょうりゅうがいなくなったのは、なぜ？ 85～86ページ

1 大きないん石が落ちてきたこと。

2 暗く・寒く

3 ア

4 ①理由 ②落 ③次

36 さい強ドラゴンのたたかい② 87～88ページ

1 「きりゅう族」・ゲオルギアス（「 」はなくても正解）

2 ふういんされた。

3 ねむりについた。

4 ①放 ②取 ③両手

5 ① ② ③

負う。 終える。 つく。

アドバイス 4 ①「光を放つ。」は、「光を出す。」の意味であることをおさえさせましょう。

パズル①　アイテムをさがせ！

37〜38ページ

1

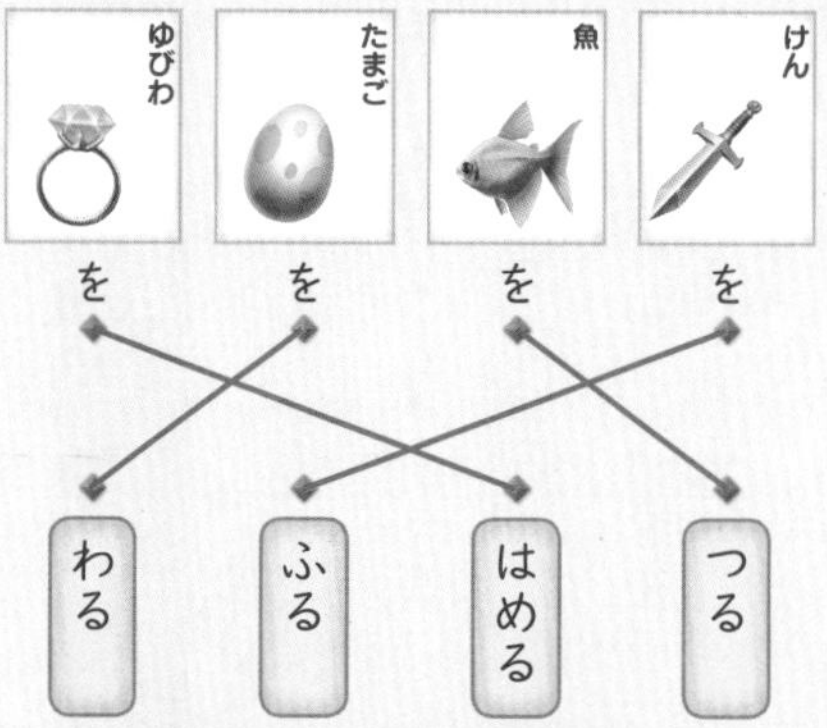

ガラハル

2

ランスロウ

答えは「あそぶ」。
「あそぶ」は動きを表す言葉。

パズル②　ドラゴンが守《まも》るほう石

69〜70ページ

1

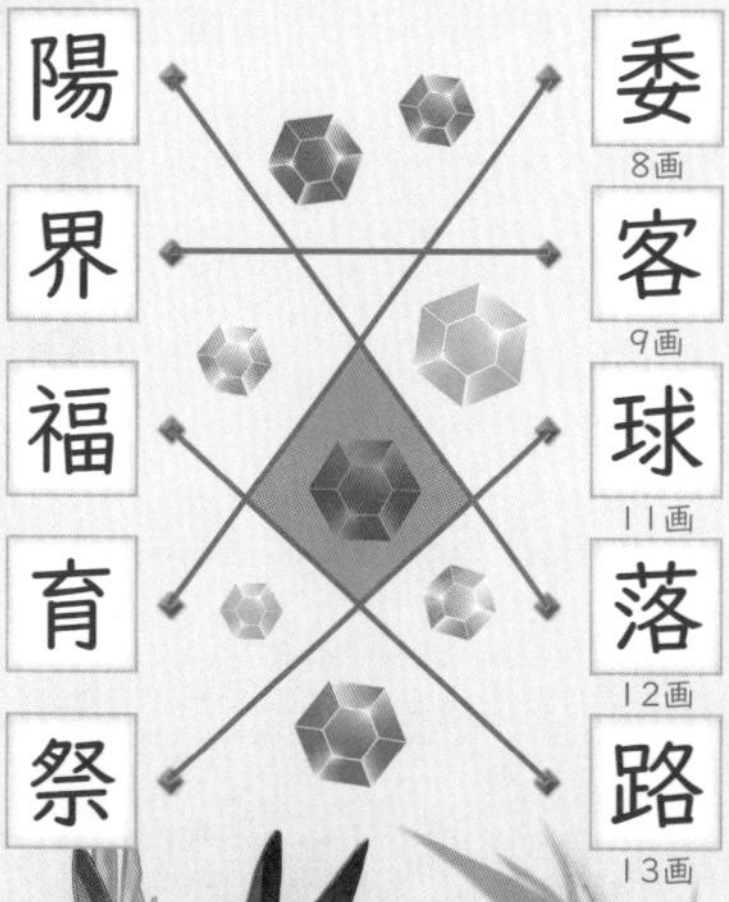

ベルスクス

2

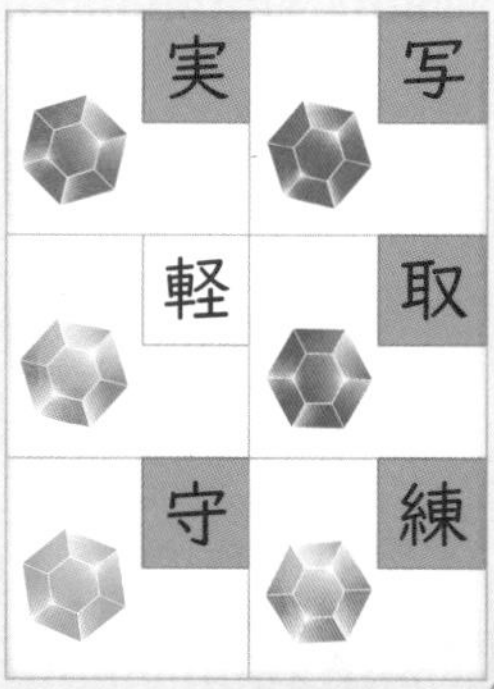

ガンディヴァ

答えは「軽」。「軽」は「軽い」。